JENS KLING

MINENFELD

Der Immobilienmarkt

Eigentum gibt dir Sicherheit –
Oder nimmt sie dir.
Der Unterschied: Wissen

MINENFELD

Immobilienwissen, das dort beginnt, wo übliche Erklärungen aufhören.

Bibliografische Information der Deutschen Nationalbibliothek
Die Deutsche Nationalbibliothek verzeichnet diese Publikation in der Deutschen Nationalbibliografie. Detaillierte bibliografische Daten sind im Internet über **https://dnb.dnb.de** abrufbar.

1. Auflage 2026

Minenfeld Verlag
Vogelsangerstraße 50
58300 Wetter (Ruhr)

Hinweise zu Inhalten und Verantwortung
Die in diesem Buch enthaltenen Inhalte wurden vom Autor mit größtmöglicher Sorgfalt recherchiert, geprüft und nach bestem Wissen dargestellt. Dennoch kann keine Gewähr für Vollständigkeit, Aktualität oder die Übertragbarkeit auf individuelle Situationen übernommen werden.

Dieses Buch stellt keine rechtliche, steuerliche, finanzielle oder technische Beratung dar. Es ersetzt weder eine individuelle Prüfung noch eine persönliche Beratung durch entsprechend qualifizierte Fachpersonen.
Immobilienentscheidungen haben langfristige wirtschaftliche, rechtliche und persönliche Konsequenzen.
Die Verantwortung für Entscheidungen, die auf Grundlage dieses Buches getroffen werden, liegt ausschließlich beim Leser.

Satz: Minenfeld Verlag
Druck und Herstellung: Print-on-Demand

ISBN Print: 978-3-9828314-0-4
ISBN E-Book: 978-3-9828314-1-1

Printed in EU

Inhalt

Manifest – Warum dieses Buch existiert

Ich schreibe dieses Buch nicht aus Theorie, nicht aus sicherer Distanz und ganz sicher nicht, weil sich das Thema gut verkaufen lässt, sondern weil ich selbst erlebt habe, wie etwas, das über Jahre hinweg funktioniert hat, von einem Moment auf den anderen aufgehört hat zu tragen – nicht schleichend, nicht dramatisch, sondern nüchtern, sachlich und endgültig.

Ich habe eine funktionierende Firma nicht optimiert, nicht weiter skaliert und nicht „zukunftsfähig aufgestellt", sondern retten müssen.
Nicht, weil sie schlecht geführt war.
Nicht, weil die Zahlen falsch waren.
Sondern weil sich die Rahmenbedingungen schneller verändert haben, als viele bereit waren wahrzunehmen oder einzugestehen.

Das hatte Konsequenzen.
Keine theoretischen, sondern reale.

Menschen entlassen.
Fixkosten radikal gesenkt.
Pläne aufgeben, die jahrelang logisch, sinnvoll und tragfähig waren – und unter neuen Bedingungen trotzdem nicht mehr funktioniert haben.

Nicht aus Panik.
Nicht aus Ideologie.
Sondern aus Respekt vor der Realität.

Heute läuft dieses Geschäft anders.
Ohne Angestellte.
Mit Automatisierung, klaren Prozessen und weniger romantischen Vorstellungen davon, wie ein Unternehmen „eigentlich" auszusehen hat.

Nicht, weil das modern klingt, sondern weil alles andere nicht mehr tragfähig wäre.

Und während sich dieser Teil neu sortiert hat, ist ein weiterer Bereich durch private Umstände ins Wanken geraten. Auch dort musste alles neu gedacht werden. Es trägt wieder – aber anders als zuvor.

Was geblieben ist, ist eine Erkenntnis, die sich nicht mehr wegdiskutieren lässt:

Alles, was man für stabil hält, kann von heute auf morgen aufhören zu tragen.
Nicht laut.
Nicht spektakulär.
Sondern still und faktisch.

Wer glaubt, dass Dinge „laufen", weil sie lange gelaufen sind, verwechselt Phase mit Zustand.

Und wer glaubt, man könne warten, bis es wieder besser wird, versteht nicht, wie Enge funktioniert.

Enge macht Systeme nicht böse.
Sie macht sie lauter, verkäuferischer, erklärungsbedürftiger und versprechender.

Nicht, weil Menschen schlechter werden, sondern weil Spielräume kleiner werden.

Und genau an diesem Punkt wird eigenes Verstehen entscheidend.
Nicht jeder muss alles selbst machen.
Aber jeder muss verstehen, was passiert, wenn er es nicht tut.

Der Punkt, an dem viele heute scheitern

Immobilien sind nicht tot.
Sie waren es nie.

Aber sie sind auch kein Selbstläufer mehr.
Und genau das haben viele bis heute nicht verstanden.

Über Jahrzehnte hinweg hat der Markt Fehler verziehen.

Falsche Lagen.
Zu hohe Preise.
Zu wenig Rücklagen.
Zu viel Hoffnung.

Man konnte kaufen, ohne zu verstehen.
Man konnte delegieren, ohne zu prüfen.

Man konnte Entscheidungen treffen, die objektiv schwach waren – und der Markt hat sie trotzdem getragen.

Diese Zeit war real.
Und sie war außergewöhnlich.

Ein historischer Aufschwung, getragen von Wachstum, Demografie, Zinsen, politischer Stabilität und einem System, das über Jahre hinweg Spannung absorbieren konnte.

So etwas wiederholt sich nicht einfach und es ändert sich meist schleichend. Nicht, weil jemand schuld ist, sondern weil Zyklen so funktionieren.

Heute verändert sich der Rahmen.
Nicht punktuell, nicht temporär, sondern strukturell.

Deutschland verändert sich – seine Lagen, seine Nachfrage, seine Finanzierung, seine Regulierung und seine wirtschaftliche Belastbarkeit.

Nicht isoliert, sondern eingebettet in eine Welt, in der globale Märkte, politische Entscheidungen, demografische Entwicklungen und wirtschaftliche Abhängigkeiten längst ineinandergreifen.

Was gestern funktioniert hat, ist heute nicht automatisch falsch.
Aber es ist auch kein Maßstab mehr.

Wer heute Immobilien kauft und dabei mit dem Wissen von gestern rechnet, kauft keine Sicherheit, sondern Hoffnung.

Wofür dieses Buch steht.

Immobilien bleiben ein starkes Werkzeug.
Für Stabilität, Substanz und langfristigen Wohlstand.

Aber nur für diejenigen, die bereit sind, mehr zu tun als früher: genauer hinzusehen, mehr zu verstehen, unbequeme Entscheidungen zu treffen und Verantwortung nicht abzugeben.
Die Vollkasko-Zeit ist leise vorbei.
Nicht angekündigt.

Nicht dramatisch.
Aber spürbar.

Man merkt es an Gesprächen.
An Zahlen.
An der Geschwindigkeit, mit der sich Dinge verschieben.

Viele spüren es.
Fast jeder, der mit offenen Augen und eigener Meinung durchs Leben geht.

Dieses diffuse Gefühl, dass es enger wird.
Dass Warten keine neutrale Option mehr ist.
Dass „wird schon wieder" kein Plan ist.

Ich bin kein Genie.
Ich bin nicht schlauer als andere.
Ich sehe nur hin und stelle eigene Fragen.

Und genau dazu lädt dieses Buch ein.

Nicht zur Angst.
Nicht zur Panik.
Nicht zum Aktionismus.
Sondern zur Selbstverantwortung.

Verstehen, bevor du entscheidest.
Den Rahmen erkennen, bevor du ihn ignorierst.
Zukunft mitdenken, statt Vergangenheit zu kopieren.

Dieses Buch gibt keine Versprechen.
Es verkauft keine Sicherheit.

Es zeigt dir das System – und lässt dich entscheiden, ob du darin blind bleibst oder handlungsfähig wirst.

Alle reden vom Eigenheim.
Kaum einer versteht, was dahintersteht.

Du glaubst, du kaufst Sicherheit.
In Wahrheit kaufst du Verantwortung.

Für Schulden.
Für Entscheidungen.
Für Verträge.
Für andere Menschen.
Und für Fehler, die erst Jahre später sichtbar werden können.

Ich habe erlebt, wie Eigentum Familien stärkt
und wie aus einem Traum eine Last wurde, die sie nie tragen konnten.
Nicht, weil die Mauern falsch gebaut waren,
sondern weil die Grundlage nie wirklich stand.

Dieses Buch macht dir kein Versprechen.
Es zeigt dir, was wirklich zählt, ohne Fachgequatsche.

Der Immobilienmarkt ist voller Illusionen.
Wissen schützt dich, lange bevor du merkst, dass du es brauchst.

Wenn du verstehen willst, was dir erzählt wird,
erkennen willst, ob Aussagen passen,
und selbst prüfen willst, statt zu glauben.

Dann fang an…

Eigentum gibt dir Sicherheit – oder nimmt sie dir.
Der Unterschied liegt im Schritt davor.
Wie …
Topfschlagen spielen – im Minenfeld

TEIL I – Orientierung im Minenfeld

Kapitel 1 – Willkommen im Minenfeld

Warum Immobilien nicht das sind, was sie zu sein scheinen

Der Immobilienmarkt hat zwei Gesichter. Das, was du von außen siehst. Und das, was wirkt, sobald du unterschreibst. Dazwischen liegt ein Feld aus Interessen, Regeln und Abhängigkeiten. Ein Terrain, das ruhig aussieht, solange du am Rand stehst – und gefährlich wird, sobald du es betrittst.

Von außen wirkt alles klar. Ein Haus ist ein Haus. Eine Wohnung ist eine Wohnung. Ein Preis ist ein Preis. Diese Klarheit ist eine Illusion.

Denn die Realität beginnt nicht bei der Besichtigung. Sie beginnt in Unterlagen, in denen Rechte verteilt und Pflichten festgeschrieben werden. In Verträgen, Protokollen und Regelwerken, die kaum jemand liest – aber jeder akzeptiert. Dort, wo Fristen laufen, Haftung entsteht und Entscheidungen nicht mehr verhandelbar sind.

Der Kauf einer Immobilie fühlt sich groß an. Doch was du nicht verstehst, während du es kaufst, bindet dich stärker, als es dir Freiheit gibt.

Egal ob Wohnung, Haus oder Grundstück – es klingt nach Sicherheit. Nach Stabilität. Nach dem Gedanken, endlich etwas Festes zu besitzen. Der Name im Grundbuch wirkt wie ein Beweis dafür, alles richtig gemacht zu haben. Der Traum vom Eigenheim ist gesellschaftlich akzeptiert, emotional aufgeladen – und genau deshalb wird er selten hinterfragt.

Doch dieses Terrain ist vermint. Nicht sichtbar. Nicht markiert. Und du kommst nur heil hindurch, wenn du erkennst, dass hier nicht nach Gefühlen entschieden wird – sondern nach Regeln.

Ich rede nicht von kleinen Fehlern, nicht von Ungenauigkeiten. Nicht von Pech. Ich rede von Entscheidungen, die dich zwanzig-, dreißigtausend Euro oder mehr kosten können. Von Verträgen, die kaum jemand vollständig liest – geschweige denn versteht. Von Nebenkosten, die jede Kalkulation kippen. Von Eigentümergemeinschaften, in denen Verantwortung verteilt wird, ohne dass sie jemand erklärt. Von Grundstücken, deren tatsächliche Kosten erst Jahre später sichtbar werden.

Nicht alles ist dabei gleich kritisch. Gefährlich sind die Stellen, an denen Pflichten langfristig binden. Weniger problematisch sind Unterlagen, die nur beschreiben oder dokumentieren. Der Unterschied liegt nicht im Umfang – sondern in der Wirkung.

Das Gefährlichste daran: Du merkst diese Fehler nicht beim Kauf. Du merkst sie, wenn sie anfangen zu wirken.

Warum das so ist? Weil dieser Markt nicht unter Informationsmangel leidet, sondern unter Vernebelung. Weil mehr gesprochen als erklärt wird. Weil Schlagworte Klarheit simulieren, wo keine ist. Weil Social Media Reichweite belohnt – nicht Wahrheit. Und weil dir Berater vieles erklären, du aber kaum einschätzen kannst, ob das bereits alle Informationen waren, die für deine Entscheidung entscheidend gewesen wären.

Nicht zwingend aus böser Absicht. Sondern weil Verantwortung verteilt ist. Weil Zuständigkeiten verschwimmen. Und weil du am Ende derjenige bist, der unterschreibt – und haftet. Oft inklusive der passenden Immobilie. Zufällig genau der, die jemand gerade loswerden will.

„Frisch renoviert." „Top Lage." „Perfekt für Einsteiger."

Das klingt nach Sicherheit. Und wird für viele zum teuersten Fehler ihres Lebens.

Du glaubst, du bewegst dich Richtung Freiheit. In Wahrheit bewegst du dich in ein fremdes Geschäftsmodell. Und wenn dir jemand erzählt, du wirst mit null Eigenkapital reich, dann geht es nicht um deinen Erfolg – sondern um seinen.

Eine Klarstellung, bevor hier alles in einen Topf geworfen wird: Das Problem liegt nicht im Immobilienmarkt selbst. Er ist ein bindendes System mit weitreichenden Verträgen. Und genau deshalb zieht er unterschiedliche Arten von Menschen an.

Die einen arbeiten sauber. Sie erklären, was sie verkaufen. Sie sagen, wo Risiken liegen. Die anderen leben davon, dass sie es nicht tun. Dass du vertraust. Dass du dich auf Erzählungen verlässt. Dass du erst verstehst, wenn es zu spät ist.

Dazwischen gibt es jene, die in diesem Markt arbeiten, aber selbst nicht ausreichend verstehen, was sie weitergeben – und aus Unwissenheit, Routine oder Zeitdruck falsche oder unvollständige Aussagen treffen.
Das Problem ist nicht, dass es diese Unterschiede gibt. Das Problem ist, dass das System sie alle zulässt – und dass du sie vor dem Kauf kaum auseinanderhalten kannst.

Und dieses Problem ist kein Immobilienproblem. Es existiert in jedem Bereich, in dem viel Geld bewegt wird und Entscheidungen komplex sind. Nicht, weil dort keine Verantwortung existiert – sondern weil Verantwortung auf viele Schultern verteilt ist.

Immobilien sind dafür besonders anfällig, weil sie aus vielen Teilbereichen bestehen, mit unterschiedlichen Zuständigkeiten und Verantwortungen. Diese können sauber dokumentiert sein und trotzdem am Ende in einer Entscheidung zusammenlaufen, deren Folgen den Käufer langfristig treffen.

Wer hier Vertrauen durch Geschichten ersetzt, kann gut verkaufen – während sich die Konsequenzen erst Jahre später zeigen.

Denn Kompetenz erkennt man hier selten an Worten. Sondern an dem, was jemand nicht verspricht. An dem, was erklärt wird, obwohl es unbequem ist. Und an den Stellen, an denen jemand bereit ist, einen Abschluss zu verlieren, statt dich mit falscher Sicherheit in eine Bindung zu führen.

Denn oft erkennst du den Unterschied erst dann, wenn der Vertrag unterschrieben ist, die Fristen abgelaufen sind und der erste Brief im Briefkasten liegt, den du nicht erwartet hast.

Dieses Kapitel ist kein Warnschild. Es ist auch keine Meinung. Es ist eine Zustandsbeschreibung. Nüchtern. Unaufgeregt. Vor dem Moment, in dem Entscheidungen Wirkung entfalten.

Dieses Buch verspricht dir keine Sicherheit. Es gibt dir auch keine Abkürzung. Es zeigt dir, wo Risiken liegen, warum sie übersehen werden und was es kostet, sie zu spät zu verstehen.

Willkommen im Minenfeld.

Kapitel 2 – Warum dieses Buch nicht gegen Immobilien ist

Nicht gegen Immobilien. Gegen Selbsttäuschung

Dieses Buch ist kein Plädoyer gegen Immobilien und keine Aufforderung zum Rückzug aus Eigentum oder Verantwortung, sondern der Versuch, einen Denkraum zu öffnen, der jenseits von Verkaufsargumenten, Durchhalteparolen und pauschalen Heilsversprechen liegt, mit denen Immobilien seit Jahren aufgeladen werden.

Immobilien können funktionieren, sie können Wert speichern, Einkommen generieren und über lange Zeiträume Vermögen aufbauen, und sie können in bestimmten Lebenssituationen Schutz und Stabilität bieten, finanziell wie strukturell, persönlich wie familiär.
Was sie jedoch nicht leisten, ist all das automatisch zu erfüllen, nur weil ein Kaufvertrag unterschrieben wurde oder weil Eigentum gesellschaftlich als sichere Entscheidung gilt.

Die Kritik, die dieses Buch formuliert, richtet sich daher nicht gegen Immobilien als solche, sondern gegen die Art und Weise, wie über sie gesprochen wird, wie sie vermarktet werden und wie Entscheidungen rund um sie häufig getroffen werden, nämlich reflexhaft, unter Druck und mit der unausgesprochenen Erwartung, dass der Besitz selbst bereits Sicherheit erzeugen müsse.

Immobilien werden in der öffentlichen Wahrnehmung oft als Produkt behandelt, dessen Wirkung unabhängig vom Kontext eintritt, als würde allein der Erwerb Stabilität schaffen, Risiken neutralisieren und Vorsorge ersetzen, während in Wirklichkeit genau diese Verkürzung dazu führt, dass Denken durch Hoffnung und Verantwortung durch Routine ersetzt wird.

Dieses Buch setzt an dieser Stelle an, nicht um Immobilien schlechtzureden, sondern um den Blick wieder auf die Voraussetzungen zu lenken, unter denen sie überhaupt tragfähig sein können.

Immobilien funktionieren nicht pauschal, und sie scheitern nicht pauschal, denn ihre Wirkung entsteht immer aus einem Zusammenspiel von wirtschaftlichen Rahmenbedingungen, regionalen Entwicklungen, rechtlicher Stabilität, individueller Belastbarkeit und der Frage, ob Erwartungen realistisch und langfristig tragfähig sind.

Wer diese Faktoren zusammendenkt, kann Immobilien sinnvoll einsetzen; wer sie stillschweigend voraussetzt, verwechselt Erfahrung mit Sicherheit und Gewohnheit mit Stabilität.

Die kritische Haltung dieses Buches ergibt sich nicht aus Ablehnung, sondern aus dem Versuch, Gewissheiten dort zu hinterfragen, wo sie allzu leicht übernommen werden, weil sie beruhigend wirken und Entscheidungen vereinfachen, während sie in Wahrheit nur Komplexität ausblenden.

Die größte Gefahr liegt dabei selten im Objekt selbst, sondern im Denkrahmen, der dem Kauf vorausgeht und der bestimmt, welche Risiken gesehen, welche ignoriert und welche Annahmen als selbstverständlich akzeptiert werden.

Blinder Aktionismus ist in diesem Zusammenhang kein Zeichen von Entschlossenheit, sondern häufig Ausdruck von Druck, Vergleich und der Angst, etwas zu verpassen, verbunden mit dem Gefühl, handeln zu müssen, weil andere es ebenfalls tun oder weil ein bestimmter Zeitpunkt als alternativlos dargestellt wird.

Dieses Buch stellt sich bewusst gegen dieses „Muss", nicht weil Handeln falsch wäre, sondern weil unreflektiertes Handeln in einem langfristigen System wie Immobilien regelmäßig zu Fehlentscheidungen führt, deren Konsequenzen erst sichtbar werden, wenn Korrekturen kaum noch möglich sind.

Immobilien entfalten ihren Nutzen nicht durch Bewegung oder Geschwindigkeit, sondern durch Passung, durch das Zusammenspiel von Objekt und Umfeld, von Finanzierung und Lebensrealität, von Erwartung und tatsächlicher Tragfähigkeit über Zeit.

Dort, wo diese Tragfähigkeit gegeben ist, können Immobilien stabilisieren, absichern und tragen, während sie dort, wo sie fehlt, unabhängig von Lage, Preis oder Zustand zur Belastung werden, weil sie auf Annahmen beruhen, die sich nicht halten lassen.

Dieses Buch will diese Tragfähigkeiten sichtbar machen, nicht durch Empfehlungen oder Versprechen, sondern durch Klarheit über die Bedingungen, unter denen Entscheidungen getroffen werden.

Es richtet sich nicht an Menschen, die bestätigt werden wollen, sondern an diejenigen, die bereit sind, Verantwortung zu übernehmen, für ihre Entscheidungen ebenso wie für deren langfristige Folgen.

Wer dieses Buch liest, soll nicht weniger kaufen, sondern bewusster entscheiden, nicht zögerlicher, sondern klarer, und vor allem mit dem Verständnis, dass Immobilien kein Fehler sind, wohl aber der Glaube, dass sie unabhängig vom Kontext funktionieren.

Alles, was folgt, ist daher keine Anleitung zum Kauf, sondern eine Einladung, vor dem Kauf genauer hinzusehen.

Warum ich dieses Buch schreiben musste

Was mich heute ankotzt, sind die Blender, diese Social-Media-Typen, die ihre erste Wohnung kaufen und sich drei Monate später „Coach“ nennen, als hätten sie das Geheimnis des Erfolgs entdeckt. Sie erzählen, sie hätten das System gehackt, während sie selbst kaum verstanden haben, was eine Teilungserklärung ist, und sie glauben tatsächlich, sie könnten anderen beibringen, wie man reich wird, obwohl sie selbst noch auf wackeligen Beinen stehen.

Und schlimmer noch: Sie geben Ratschläge, die für Käufer teuer werden können, weil sie auf Halbwissen statt auf Erfahrung beruhen, und sie verkaufen Kurse, aber keine Kompetenz, keine echte Substanz, nur hübsch verpackte Versprechen.

Die Wahrheit ist einfach, aber unbequem: Immobilien können dich reich machen – oder ruinieren; sie können dein Fundament werden – oder der Betonklotz, der dich runterzieht, wenn du nicht weißt, worauf du dich einlässt. Es hängt nicht vom Objekt ab, sondern davon, wie du reingehst – mit offenen Augen, mit klarem Verstand, oder eben blindem Vertrauen, das dich teuer zu stehen kommen kann.

Ich habe Käufer gesehen, die Verträge unterschrieben haben, die sie nicht verstanden, Eigentümer, die dachten, sie hätten Mitspracherecht, bis ein Investor mit siebzig Prozent Stimmanteil alles entschied, und Hauskäufer, die nach der Übergabe erfuhren, dass die Straße vor ihrem Grundstück noch gar nicht bezahlt war. Das ist kein Einzelfall, das passiert jeden Tag, in jeder Stadt, in jeder Preisklasse, und es wiederholt sich, weil zu viele glauben, sie wüssten, was sie tun.

Dieses Buch ist meine Antwort darauf – kein Coaching, kein Wohlfühlratgeber, sondern ein Schutzschild, ein Werkzeugkasten, ein Realitätscheck, der dich davor bewahren soll, dieselben Fehler zu machen. Ich will, dass du weißt, wo die Minen liegen, dass du nicht auf Halbwissen, Zufall oder Blender hörst, sondern prüfst, hinterfragst, verstehst – und die Kontrolle behältst, egal, wie verlockend einfache Antworten klingen.

Wenn du ein Buch suchst, das dich beruhigt, leg es weg, aber wenn du eines suchst, das dich vorbereitet, lies weiter, auch wenn es unbequem wird. Lieber sagst du am Ende: „Gut, dass ich es von Anfang an richtig gemacht habe“, als irgendwann zu fluchen: „Scheiße, hätte ich das mal vorher gewusst.“

Kapitel 3 – Bevor du suchst: Versteh, warum du suchst

Motivation, Selbstbetrug und falsche Gründe für Eigentum

Unklarheit ist der teuerste Fehler beim Immobilienkauf. Nicht, weil sie sofort sichtbar wird, sondern weil sie Entscheidungen beeinflusst, lange bevor Zahlen, Verträge oder Risiken überhaupt bewusst betrachtet werden.

Noch bevor du ein Exposé öffnest, eine Anzeige anklickst oder einem Makler die Hand gibst, solltest du dir eine Frage stellen, die unbequemer ist, als sie klingt: Was fehlt dir so sehr, dass du glaubst, ein Kauf würde es lösen?

Der Traum von den eigenen vier Wänden ist stark. Für viele ist er mehr als eine wirtschaftliche Entscheidung. Es geht um einen eigenen Rückzugsort, um Kontrolle, um Schutz. Um eine heimische Höhle, in der die Welt draußen bleibt und das Leben innen zur Ruhe kommen soll. Genau deshalb ist dieser Wunsch so mächtig – und genau deshalb ist er gefährlich, wenn er ungeprüft bleibt.

Für andere trägt derselbe Traum ein anderes Gesicht. Es geht nicht um Rückzug, sondern um Ausbruch. Um die Hoffnung, dem Hamsterrad zu entkommen, finanziell unabhängig zu werden, Vermögen aufzubauen und sich ein vermeintlich passives Einkommen zu sichern. Um die Vorstellung, dass Immobilien der Hebel sind, der Reichtum macht und Einkommen erzeugt. Auch dieser Wunsch ist mächtig – und ebenso gefährlich, wenn er nicht nüchtern durchdacht wird.

Die meisten Menschen kaufen nicht, weil es logisch ist. Sie kaufen, weil sie unter Druck stehen. Weil andere kaufen. Weil im Umfeld plötzlich alle Eigentum haben und Miete sich anfühlt wie Stillstand. Weil steigende Zinsen, politische Botschaften und Schlagzeilen suggerieren, dass man handeln müsse, sonst sei man zu spät. Aus Bewegung wird Entscheidung, aus Gefühl wird Verpflichtung.

Sie folgen keinem Plan, sondern einem inneren Drängen. Und Gefühle sind schlechte Kaufberater, vor allem dann, wenn es um langfristige Bindungen geht. So landen Menschen in Immobilien, die nicht zu ihrem Leben passen. Nicht zum Einkommen, nicht zur tatsächlichen Belastbarkeit, nicht zur Realität ihres Alltags. Sie kaufen Quadratmeter und verlieren Spielraum. Sie kaufen vermeintliche Sicherheit und gewinnen Fixkosten, Verpflichtungen und Abhängigkeiten, die vorher niemand so benannt hat.

Am Ende sitzen sie in vier Wänden, die sich nicht wie Freiheit anfühlen, sondern wie eine finanzielle Zwangsjacke. Nicht laut, nicht sofort spürbar, sondern als dauerhafter, leiser Druck, der Entscheidungen einschränkt und Flexibilität kostet.

Willst du wirklich kaufen?

Diese Frage ist kein Angriff auf Eigentum. Sie ist ein Angriff auf Selbsttäuschung.

Denn eine eigene Immobilie kann etwas Gutes sein. Sie kann stabilisieren, sie kann Freiheit schaffen, sie kann langfristig Optionen eröffnen. Sie kann tatsächlich zur eigenen Festung werden – zu einem Ort, der trägt, schützt und Unabhängigkeit ermöglicht. Aber nur dann, wenn sie bewusst gewählt wird und nicht aus Hoffnung entsteht.

Gerade weil dieser Traum so wichtig ist, darf man hier nichts falsch machen. Nicht aus Zeitdruck, nicht aus Bequemlichkeit und schon gar nicht aus Unwissen. Was übersehen wird, bindet später. Was man nicht versteht, wirkt trotzdem. Und was man nicht prüfen wollte, entscheidet am Ende darüber, ob das Eigenheim ein Rückzugsort bleibt – oder zur Belastung wird.

Wer ohne Klarheit kauft, macht Eigentum nicht zu Sicherheit, sondern zu Bindung. Dann gehört dir die Immobilie nicht – sie verwaltet dich.

Oder anders gesagt: Eine Immobilie kann frei machen. Oder genau das Gegenteil bewirken, wenn man an die Sache herangeht, als würde man mit verbundenen Augen auf die Tasten schlagen und hoffen, dass schon Musik entsteht.

Mieten ist kein Scheitern. Es ist oft ehrlicher, weil es Beweglichkeit erhält und Fehler korrigierbar macht. Eigentum lohnt sich nur dann, wenn dein Leben stabiler ist als der Kredit, den du unterschreibst. Denn Kredite sind geduldig. Das Leben ist es nicht.

Eigentum verlangt, dass du weiterdenken kannst, über morgen hinaus. Weiter als bis zur nächsten Gehaltserhöhung. Weiter als bis zur aktuellen Lebensphase. Passt es heute? Passt es in fünf Jahren? Passt es in zehn?

Diese Fragen wirken abstrakt, solange alles läuft. Sie werden konkret, wenn sich Rahmenbedingungen ändern. Und das tun sie fast immer.

Eine Frage wird dabei besonders häufig verdrängt, obwohl sie entscheidend ist: Kann ich diese Immobilie im Zweifel vermieten – ohne Verlust?

Denn dein Zuhause kann schneller zur Kapitalanlage werden, als dir lieb ist. Jobwechsel, Trennung, Krankheit oder ein Ortswechsel verändern Prioritäten. Erst in solchen Momenten zeigt sich, ob ein Objekt trägt – oder ob es nur steht. Ob es Optionen eröffnet – oder dich festlegt.

Verkaufen geht fast immer, aber selten ohne Preis. Vorfälligkeitsentschädigung, Steuern, ein ungünstiger Markt oder Zeitdruck gehören nicht zur Ausnahme, sondern zur Realität. Das sind keine theoretischen Risiken, sondern reale Konsequenzen aus Entscheidungen, die oft unter falschen Annahmen getroffen wurden.

Die Spekulationssteuer fällt nur dann an, wenn du vermietest und innerhalb von zehn Jahren verkaufst; bei Eigennutzung nicht. Das ist wichtig zu wissen, aber es bleibt ein Detail im größeren Bild. Entscheidend ist nicht, wie du heute kaufst, sondern welche Optionen du dir offenhältst, wenn sich dein Leben verändert.

Eine gute Lage, eine solide Substanz und – bei Eigentumswohnungen – eine gesunde Gemeinschaft entscheiden darüber, ob du reagieren kannst oder gefangen bist. Sie bestimmen nicht nur den Wert der Immobilie, sondern deine Beweglichkeit.

Die Klassiker der Fehlentscheidung

Die Muster wiederholen sich. Immer. Emotion schlägt Verstand. „So schön" ist kein Kaufkriterium, sondern ein Kostenfaktor. Eine schlechte Lage gewinnt nie, egal wie hübsch die Fassade ist. Wer Instandhaltung ignoriert, kauft keinen Wohnraum, sondern einen Reparaturstau.

Nebenkosten, Rücklagen, Sanierungen, Erschließungskosten und echte Betriebskosten entscheiden am Ende – nicht der Kaufpreis allein.

Realistische Erwartungen führen zu besseren Entscheidungen

Es gibt keine perfekte Immobilie. Es gibt nur die passende – für dein Leben, nicht für deine Wunschvorstellung. Die entscheidende Frage lautet nicht, wo das perfekte Gesamtpaket liegt, sondern was dir so wichtig ist, dass du dafür bewusst verzichtest.

Jede Immobilie ist ein Tauschgeschäft. Lage oder Größe. Altbau oder Neubau. Garten oder Stadt. Balkon oder Budget. Wer seine Prioritäten kennt, lässt sich nicht blenden und nicht über den Tisch ziehen.

Diese Klarheit schützt nicht vor jedem Risiko. Aber sie schützt davor, aus einem Traum eine Falle zu machen.

Klartext

Wer nicht weiß, warum er kauft, macht sich selbst zum Risiko. Eine Immobilie kann Freiheit bedeuten – aber nur, wenn sie verstanden wird. Nicht jede Immobilie passt zu deinem Leben. Und dein Leben passt nicht zu jeder Immobilie.

Klarheit schützt. Immer.

Kapitel 4 – Wie viel Immobilie kannst (oder willst) du dir leisten?

Belastung, Rücklagen und die Grenze zwischen Tragen und Erdrücken

Nicht dein Wunschbudget entscheidet. Sondern das, was dein Leben wirklich mitträgt.

Der Beginn eines Immobilienkaufs wird häufig als vernünftige Entwicklung wahrgenommen. Nicht als Risiko, sondern als Fortschritt. Als etwas, das man „jetzt eben macht". Genau in diesem Moment verschiebt sich der Blick. Weg von der Frage, was getragen werden kann – hin zu der Annahme, dass Tragen schon irgendwie funktionieren wird.

Und genau deshalb ist diese Phase gefährlich. Nicht, weil Menschen nicht rechnen können. Sondern weil sie zu früh anfangen zu rechnen – und dabei in der falschen Kategorie denken.

Die meisten starten beim Kaufpreis. Dabei ist der Kaufpreis nur der sichtbarste Teil der Entscheidung. Er ist groß, klar benannt, greifbar. Aber er ist nicht das, was dein Leben verändert. Was dein Leben verändert, ist die Belastung, die sich an diesen Kaufpreis anhängt. Still. Monatlich. Dauerhaft.

Der Kaufpreis ist eine Zahl. Die Belastung ist ein Zustand. Und genau hier kippt bei vielen das Gleichgewicht – nicht sofort, sondern schleichend.

Der Kaufpreis: eine große Zahl – aber nicht das Ganze

249.000 Euro. 319.000 Euro. 379.000 Euro. Diese Zahlen wirken konkret. Aber sie sind nicht der Preis, den du zahlst. Sie sind der Einstieg in eine Kette von Verpflichtungen.

Jeder Immobilienkauf bringt Nebenkosten mit sich. Nicht optional. Nicht verhandelbar. Nicht theoretisch. Grunderwerbsteuer, Notar, Grundbuch, Makler, erste Anpassungen, Versicherungen.

Die meisten Käufer wissen, dass Nebenkosten anfallen. Was sie häufig unterschätzen, ist nicht deren Existenz, sondern ihre Wirkung. Denn diese Kosten entstehen nicht über Jahre, sondern auf einmal. Sie verlangen Liquidität, nicht Planung. Und sie sind unabhängig davon, wie bequem oder knapp sich die spätere Monatsrate anfühlt.

Viele dieser Kosten sind zudem nicht automatisch mitfinanziert. Doch selbst das ist noch nicht der Kern. Der eigentliche Denkfehler liegt nicht in den einmaligen Kosten. Diese lassen sich beziffern, einplanen, abhaken. Der Denkfehler liegt in dem, was nach dem Kauf unauffällig Teil des Alltags wird.

In Ausgaben, die nicht überraschen, aber dauerhaft wirken. Nicht spektakulär. Nicht dramatisch. Sondern jeden Monat.

Die wirklichen Kosten sind nicht einmalig – sie begleiten dich

Mehr Wohnfläche bedeutet mehr Kosten. Nicht rechnerisch – real. Mehr Quadratmeter müssen beheizt werden. Egal, ob du sie nutzt oder nicht. Mehr Raum bedeutet mehr Strom, mehr Wasser, mehr Abwasser, mehr Grundsteuer, mehr Müllgebühren, mehr kommunale Abgaben.

Diese Kosten fragen nicht, ob sie gerade passen. Sie laufen mit. Und sie steigen – oft schleichend, oft ohne Einflussmöglichkeit.

Auch Versicherungen skalieren mit. Ein größeres oder wertvolleres Objekt bedeutet mehr Risiko, mehr Haftung, mehr Verantwortung. Wohngebäudeversicherung, Elementarschäden, Haftungsfragen – all das wächst mit Substanz und Größe.

Diese Zahlen tauchen selten in Kalkulationen auf. Nicht, weil sie geheim sind. Sondern weil sie unbequem sind. Viele kalkulieren die Rate sauber und wundern sich später, warum trotzdem kein Spielraum entsteht. Nicht, weil die Bank falsch gerechnet hat. Sondern weil das Leben teurer wurde, als man es sich vorher eingestanden hat.

Eine größere Immobilie kostet nicht nur beim Kauf mehr. Sie kostet jeden Monat mehr – an Geld, an Aufmerksamkeit und an Flexibilität.

Die monatliche Rate – und was sie über dein Leben aussagt

Eine Rate funktioniert nicht, weil sie auf dem Papier passt. Sie funktioniert nur dann, wenn du sie tragen kannst, auch wenn dein Alltag nicht mitspielt.

Elternzeit. Krankheit. Selbstständigkeit. Jobwechsel. Weniger Stunden. Neue Verpflichtungen. Neue Ziele.

Das Leben fragt nicht, ob deine Rate bequem ist. Es fragt, ob du Reserven hast.

Viele unterschreiben Raten, die im Moment machbar erscheinen, weil sie davon ausgehen, dass alles so bleibt, wie es gerade ist. Doch Leben ist nicht statisch. Einkommen verändern sich. Belastungen kommen hinzu. Prioritäten verschieben sich.

Eine Rate darf fordern. Aber sie darf nicht dein Leben übernehmen. Wenn jede Entscheidung – Urlaub, Freizeit, Rücklagen, Weiterbildung – an der monatlichen Belastung scheitert, dann passt nicht dein Leben zur Immobilie. Dann hast du dich der Immobilie untergeordnet.

Fixkosten: der unterschätzte Hebel

Viele glauben, sie hätten ihre Finanzen im Griff. Bis sie anfangen, ehrlich zu zählen. Nicht grob. Nicht aus dem Gefühl heraus. Sondern vollständig.

Zu Fixkosten gehören nicht nur Kredit oder Miete. Sondern alles, was verlässlich mitläuft: Energie, Essen, Versicherungen, Mobilität, Alltag, Kinder, Freizeit, Abos, Urlaub. Auch mal etwas Luxus.

Luxus ist dabei kein einheitlicher Begriff. Für den einen ist es ein Urlaub. Für den anderen ein gutes Essen, ein Hobby, Zeit für sich oder einfach das Gefühl, nicht jeden Euro umdrehen zu müssen. Entscheidend ist nicht, wie groß dieser Luxus ist. Entscheidend ist, ob er verschwindet.

Denn wenn selbst kleine Dinge dauerhaft wegfallen, nicht aus bewusster Entscheidung, sondern weil sie finanziell keinen Platz mehr haben, entsteht etwas, das man in keiner Kalkulation sieht: Unzufriedenheit. Frust. Ein leiser Druck, der nicht laut wird – aber bleibt.

Erst wenn du diese Zahl kennst, weißt du, was du wirklich tragen kannst. Nicht theoretisch. Sondern real.

Rücklagen – nicht fürs Haus, sondern fürs Leben

Wenn von Rücklagen gesprochen wird, denken viele sofort an das Objekt: Dach, Heizung, Reparaturen. Darum geht es hier nicht.

Hier geht es um deine bestehenden Fixkosten. Um dein Leben, so wie es heute läuft. Rücklagen bedeuten: Du kannst dein aktuelles Leben weiterführen, auch wenn dein Einkommen kurzfristig wegbricht oder sich reduziert. Nicht ein bisschen. Nicht für ein paar Wochen. Sondern stabil.

Mindestens vier Monate deiner gesamten Fixkosten. Besser sechs. Erst dann bist du handlungsfähig. Erst dann kannst du Entscheidungen treffen – ohne Druck, ohne Angst, ohne Zwang.

Hast du diese Reserve nicht, ist das keine Schande. Es ist ein Hinweis. Dann musst du zuerst Stabilität aufbauen, bevor du dich bindest.

Ohne diese Rücklagen kaufst du kein Eigentum. Du kaufst Abhängigkeit. Nicht nur von der Bank, sondern von allem, was dein Einkommen absichert. Der Spielraum fehlt, also wird jeder Verlust gefährlich.

Tilgung – ein deutsches Ideal und sein Denkfehler

Viele Menschen starten mit einem klaren Bild im Kopf: Bis zur Rente schuldenfrei. Ein abbezahltes Haus. Keine Bank mehr. Keine Verpflichtung. Dieses Bild ist tief verankert. Schulden gelten als Risiko. Schuldenfreiheit als Sicherheit.

Und genau deshalb wird Tilgung oft nicht als Werkzeug betrachtet, sondern als moralisches Ziel.

Doch Kredite sind keine Charakterfrage. Sie sind Werkzeuge. Und Werkzeuge muss man beherrschen – nicht verehren.

Eine hohe Tilgung fühlt sich diszipliniert an. Sie wirkt vernünftig. Sie gibt das gute Gefühl, „alles richtig zu machen“. Doch was dabei oft übersehen wird: Hohe Tilgung reduziert Schulden – aber sie reduziert auch Luft.

Wer jede freie Liquidität in die Rate steckt, hat rechnerisch weniger Schulden, aber praktisch weniger Spielraum. Weniger Rücklagen. Weniger Reaktionsfähigkeit. Weniger Optionen, wenn das Leben nicht mitspielt.

Tilgung versus Beweglichkeit

Eine Finanzierung funktioniert nicht deshalb, weil sie ambitioniert gerechnet ist. Sie funktioniert nur dann, wenn sie auch unter Druck tragfähig bleibt.

Elternzeit. Selbstständigkeit. Krankheit. Unerwartete Kosten. Temporäre Einkommenseinbußen.

In diesen Phasen zeigt sich nicht, wie diszipliniert jemand gerechnet hat – sondern wie flexibel seine Struktur ist.

Eine niedrigere Anfangstilgung mit der Möglichkeit zu Sondertilgungen ist kein Zeichen von Schwäche. Sie ist ein strategischer Ansatz. Sie bedeutet nicht: „Ich will meine Schulden nicht loswerden." Sie bedeutet: „Ich will entscheiden können, wann und wie."

Liquidität ist keine Faulheit – sie ist Kontrolle

Geld, das du nicht zwanghaft in die Rate steckst, verschwindet nicht. Es bleibt bei dir. Sichtbar. Verfügbar.

Dieses Geld erfüllt eine andere Funktion als Tilgung. Es schützt dich vor Engpässen. Es hält dein System beweglich. Es verhindert, dass kleine Probleme zu strukturellen werden.

Rücklagen sind kein Zeichen von Unsicherheit. Sie sind das Gegenteil.

Was die Bank einmal hat, gibt sie nicht zurück

Geld, das einmal in der Tilgung verschwunden ist, gehört nicht mehr dir. Es gibt keinen Knopf, mit dem du dir „ein bisschen Tilgung zurückholst", wenn du Liquidität brauchst.

Brauchst du später Geld, bekommst du von der Bank kein Stück deiner eigenen Einzahlungen zurück – sondern nur eines: einen neuen Kredit. Und dieser Kredit ist fast immer schlechter.

Aus vermeintlicher Sicherheit entsteht so eine neue Abhängigkeit.

Tilgungspläne sind Rechenmodelle – keine Prophezeiungen

Wenn eine Finanzierung rechnerisch 30, 35 oder 40 Jahre läuft, ist das kein in Stein gemeißeltes Ergebnis. Es ist eine Möglichkeit. Mehr nicht.

In den Jahren dazwischen passiert Leben. Einkommen verändern sich. Zinsen ändern sich. Immobilienwerte bewegen sich. Sondertilgungen, Umschuldungen, Anpassungen, Verkäufe – all das verändert den Verlauf immer wieder.

Entscheidend ist nicht, wie lange eine Finanzierung theoretisch läuft.
Entscheidend ist, ob du reagieren kannst, wenn sich dein Leben verändert.

Klartext

Nicht die Restschuld ist gefährlich. Gefährlich ist fehlende Flexibilität. Nicht die Laufzeit entscheidet über Freiheit. Sondern die Fähigkeit, auch unter Druck handlungsfähig zu bleiben.

Tilgung ist wichtig. Aber sie ist kein Selbstzweck.

Frei ist nicht, wer schnell tilgt.
Frei ist, wer Optionen hat.

Kapitel 5 – Finanzierung verstehen: Wie Banken wirklich denken

Risiko, Systeme, Vorgaben – und warum Zustimmung nichts bedeutet

Du brauchst kein Bankerwissen. Du brauchst ein klares Bild davon, wie Banken wirklich arbeiten.

Im Finanzierungsgespräch wird viel über Zukunft, Sicherheit oder Vertrauen gesprochen. In der Realität ist Finanzierung jedoch ein technischer Prüfprozess. Präzise, nüchtern, systemisch. Es geht nicht um Motivation, nicht um Träume und nicht um Lebenspläne. Es geht um Risiko – und darum, ob dieses Risiko in Zahlen abgebildet, eingeordnet und in ein bestehendes System integriert werden kann.

Dabei ist eine Trennung entscheidend. Der Bankmitarbeiter interessiert sich häufig für deinen Fall. Die Bank als System tut das nicht. Der Spielraum des Mitarbeiters ist begrenzt. Je größer die Bank, desto enger die Vorgaben. Wenn Rechenmodelle und interne Kriterien nicht passen, kann selbst ein wohlwollender Berater nichts mehr drehen. Das Nein ist dann keine persönliche Bewertung, sondern eine Systementscheidung.

In diesem Prozess bist du kein Mensch mit Wünschen und Zielen. Du bist ein Datensatz. Ein Risikoprofil. Das ist keine Abwertung. Es ist die Spielregel.

Und wer diese Spielregel verstanden hat, führt ein anderes Gespräch. Nicht bittend. Nicht erklärend. Sondern vorbereitet, ruhig und kontrolliert.

Was viele übersehen: Banken arbeiten nach ähnlichen Grundprinzipien, bewerten jedoch unterschiedlich. Sie nutzen vergleichbare Instrumente, legen sie aber verschieden aus. Genau daraus entsteht der Eindruck, dass Banken gleichzeitig sehr unterschiedlich entscheiden und sich trotzdem erstaunlich gleich anfühlen.

Bonität – das, was über dich schwarz auf weiß steht

Für dich geht es um ein Zuhause. Für die Bank geht es um Sicherheit. Geprüft werden Einkommen, Stabilität der Tätigkeit, Art des Einkommens, laufende Verpflichtungen, bestehende Kredite, Zahlungsverhalten und Historie. Nicht isoliert, sondern im Zusammenspiel.

Ein gutes Einkommen kann durch Unsicherheit relativiert werden. Eine saubere Historie kann durch neue Verpflichtungen kippen. Auch hohe Einnahmen verlieren an Tragfähigkeit, wenn sie schwanken oder nicht langfristig abgesichert sind.

Die SCHUFA ist dabei kein Randthema. Sie ist der Türsteher. Sie entscheidet nicht über alles, aber darüber, ob überhaupt gesprochen wird. Deshalb prüfst du sie vor jedem Bankgespräch. Nicht, um etwas zu verstecken – das ist ohnehin unmöglich – sondern um sicherzugehen, dass die Datengrundlage korrekt ist.

Fehler kommen vor: veraltete Einträge, doppelte Meldungen, falsche Summen. Und wenn deine Angaben nicht zu dem passen, was die Bank sieht, scheitert die Finanzierung oft nicht an dir, sondern an einer falschen Basis. Klarheit verhindert Probleme, lange bevor sie entstehen.

Eigenkapital – der Puffer, der Haltung zeigt

Viele sehen Eigenkapital als Zahl. Banken sehen darin Risikobeteiligung. Eigenkapital bedeutet, dass du mitträgst. Dass du nicht alles auslagerst. Dass du selbst Teil der Stabilität bist.

Für die Bank ist das kein moralischer Punkt, sondern ein technischer. Je höher dein eigener Einsatz, desto geringer das Risiko im System.

Banken rechnen immer mit dem Ausfall. Auch mit deinem. Nicht, weil sie ihn erwarten, sondern weil er ihr größtes Risiko ist. Ein Kredit, der nicht zurückgezahlt wird, fehlt nicht nur als Summe, sondern auch als kalkulierter Ertrag.

Daraus entstehen bessere Zinsen, stabilere Konditionen und mehr Spielraum in der Struktur. Nicht als Belohnung, sondern als logische Konsequenz.

Ohne Eigenkapital geht rechnerisch vieles. Strategisch wird es eng. Wenn du nicht einmal die Kaufnebenkosten selbst tragen kannst, fallen heute fast alle Banken heraus. Der kleine Rest weiß, dass er die Ausnahme ist – und lässt sich das bezahlen. Nicht nur auf den fehlenden Betrag, sondern über Jahre auf die gesamte Finanzierungssumme. Möglich ist das. Klug ist es selten.

Ersatzsicherheiten – Lösung mit Nebenwirkungen

Fehlendes Eigenkapital lässt sich manchmal durch Ersatzsicherheiten abfedern. Eine weitere Immobilie wird eingebunden, eine zusätzliche Grundschuld eingetragen oder Vermögenswerte wie Lebensversicherungen verpfändet. Technisch funktioniert das.

Aber nicht folgenlos.

Nicht jede Lebensversicherung ist abtretbar. Und nicht jede Abtretung ist steuerlich unproblematisch. Das ist keine Bewertung, sondern ein fachlicher Hinweis, den man kennen muss, bevor man solche Konstruktionen eingeht.

Der entscheidende Punkt ist ein anderer. Der Punkt ist nicht, dass nichts mehr geht. Der Punkt ist, dass vieles schwerer werden kann.

Entscheidungen, die vorher selbstverständlich waren, werden erklärungsbedürftig. Schritte, die früher allein getroffen wurden, hängen plötzlich von Abstimmung ab. Flexibilität verschwindet nicht – sie existiert weiter, aber mit Einschränkungen und mit Abhängigkeit von anderen Interessen.

Es ist keine Strafe. Es ist Systemlogik: Wer zusätzliche Sicherheiten einbringt, verändert den eigenen Handlungsspielraum.

Ersatzsicherheiten sind nicht per se schlecht. Sie können sinnvoll sein. Sie können Lösungen ermöglichen. Aber sie beeinflussen den eigenen Handlungsspielraum oft stärker, als man im Moment der Entscheidung denkt.

Hinzu kommt: Viele Banken sehen solche Konstruktionen heute kritischer als früher. Sie bedeuten mehr Prüfaufwand, mehr Bewertung und mehr interne Kosten. Manche lehnen sie ab. Andere lassen sich den Mehraufwand bezahlen. Auch hier gilt: Möglich heißt nicht automatisch sinnvoll.

Warum Banken unterschiedlich entscheiden – und sich trotzdem gleichen

Jede Bank rechnet anders. Und doch fühlen sie sich gleich an. Der Grund liegt nicht im Zinssatz und nicht in der Laufzeit, sondern in den Annahmen, mit denen Banken dein Leben bewerten.

Jede Bank arbeitet mit eigenen Lebenshaltungskosten-Pauschalen, eigenen Haushaltsrechnungen und eigenen Kriterien dafür, was als tragfähig gilt. Was du tatsächlich ausgibst, spielt dabei oft nur eine untergeordnete Rolle. Entscheidend ist, was das Modell annimmt – selbst dann, wenn du nachweislich günstiger lebst.

So kann dieselbe Person bei drei Banken unterschiedliche Ergebnisse bekommen. Nicht, weil sich die Realität geändert hat, sondern weil sie unterschiedlich interpretiert wird.

Und trotzdem denken Banken gleich: Risiko begrenzen, Stabilität sichern, Vorgaben einhalten. Die Unterschiede liegen nicht in der Haltung, sondern in der Auslegung.

Darum ist Finanzierung kein Wahrheitsbeweis. Sie ist ein Abgleich von Modellen. Ein Nein bedeutet nicht, dass du schlecht bist. Oft bedeutet es nur: falscher Zeitpunkt oder falsches Modell.

Objektbewertung – der stille Prüfstein

Der Kaufpreis ist die eine Größe. Die Bank hat ihre eigene. Sie bewertet nach Verfahren, Vergleichsdaten, Sicherheitsabschlägen und internen Modellen. Lage, Zustand, Marktgängigkeit, Alter und Bauweise fließen ein. Das Ergebnis ist selten identisch mit dem Kaufpreis.

Gerade wenn mehrere Fachleute beteiligt sind, wird der Preis oft marktgerecht gewählt – aber nicht immer. Es gibt Makler, auch mit großer Bekanntheit, die bewusst hoch ansetzen, um Aufträge zu sichern. Es gibt Privatverkäufer, die ihre Immobilie überschätzen und auf den „richtigen Käufer" hoffen.

Die Bank prüft das. Auch hier entstehen Ergebnisse, die überraschen können. Bewertungen, die deutlich unter dem Kaufpreis liegen – manchmal so niedrig, dass man selbst ins Grübeln kommt.

Wichtig zu verstehen: Die Bewertung der Bank ist keine individuelle Substanzanalyse. In der Praxis erfolgt sie häufig ohne Besichtigung oder erst nach Zusage. Nicht aus Schlamperei, sondern aus Zeitdruck. Bis ein Gutachter vor Ort ist, kann die Immobilie längst verkauft sein.

Darum kann dieselbe Immobilie bei einer Bank funktionieren und bei einer anderen nicht. Ein Nein sagt nichts über dich. Es sagt etwas über das Modell.

Die richtige Rate – zwischen Grenze und Realität

Die maximale Rate der Bank ist keine Empfehlung. Sie ist eine Obergrenze. Sie beschreibt, was rechnerisch möglich ist – nicht, was sinnvoll ist.

Eine gute Finanzierung beeindruckt nicht. Sie schützt. Sie lässt Luft. Sie funktioniert auch dann, wenn das Leben nicht mitspielt.

Wer eine Rate wählt, die nur im Optimalfall trägt, baut kein stabiles System. Er baut Hoffnung.

Klartext

Du musst kein Banker sein. Aber du musst verstehen, wie Banken denken. Die Bank schützt ihr Risiko. Du schützt deine Zukunft.

Beides funktioniert. Aber nur, wenn du vorbereitet in dieses System gehst und erkennst: Finanzierung ist keine Frage von Zustimmung, sondern ob sie zu deinem Leben passt.

Kapitel 6 – Was Banken dir nicht sagen

Zugesagte Sicherheit, stille Risiken und die Logik hinter den Kulissen

Im Bankgespräch wird vieles gesagt. Unterlagen werden erklärt, einzelne Punkte angesprochen, Rückfragen angeboten. Am Ende steht fast immer dieselbe Frage, ruhig gestellt, routiniert formuliert:
Haben Sie noch Fragen? Ist alles verständlich?

Die meisten antworten mit Ja.
Nicht, weil jedes Detail wirklich verstanden ist, sondern weil man weiterwill. Weil der Kopf voll ist. Weil man davon ausgeht, dass es schon passen wird – und dass die entscheidenden Dinge ohnehin gesagt worden wären, wenn sie wirklich kritisch wären.

Zustimmung ersetzt kein Verstehen

In diesem Moment passiert etwas Entscheidendes, das kaum wahrgenommen wird.
Du bestätigst nicht, dass alles klar ist.
Du bestätigst, dass du bereit bist, weiterzugehen.

Verträge werden nicht unterschrieben, weil jede Klausel durchdrungen wurde, sondern weil die Entscheidung innerlich längst gefallen ist und der formale Teil nur noch nachgezogen wird.

Solange alles läuft, fühlt sich das richtig an. Die Rate wird gezahlt, der Alltag funktioniert, nichts reibt. Der Vertrag tut nicht weh. Und genau deshalb verschwindet er aus dem Bewusstsein.

Warum Verträge harmlos wirken – solange nichts passiert

Verträge entfalten ihre Wirkung nicht im Normalfall, sondern im Ausnahmefall. Solange du deiner Verpflichtung nachkommst, bleiben viele Regelungen abstrakt. Bindungen laufen im Hintergrund, ohne spürbar zu werden.

Erst wenn sich etwas ändert, beginnen Verträge zu sprechen.

Wenn Einkommen wegfällt.
Wenn verkauft werden muss.

Wenn umgeschuldet werden soll.
Oder wenn plötzlich Beweglichkeit gebraucht wird, die nicht vorgesehen ist.

Dann tauchen die Stellen auf, die vorher keine Rolle gespielt haben. Nicht, weil sie verborgen waren, sondern weil sie im Alltag schlicht irrelevant wirkten.

Die Illusion von Verhandlung

Viele glauben, man könne Verträge im Zweifel noch anpassen. Etwas streichen, etwas entschärfen oder im Gespräch nachverhandeln. Diese Vorstellung ist falsch.

Eine Bank streicht nichts aus ihren Verträgen. Nicht aus Härte und nicht aus mangelnder Gesprächsbereitschaft, sondern weil Verträge Teil eines Systems sind. Was dort steht, ist geprüft, standardisiert und regulatorisch eingebettet. Es ist nicht individuell gedacht, sondern systemfähig.

Abweichungen sind selten. Und wenn sie vorkommen, betreffen sie Details, nicht die Struktur. In der Praxis gilt: Lieber verzichtet eine Bank auf ein Geschäft, als ihr Vertragswerk aufzuweichen.

Viele spüren das – und unterschreiben trotzdem.
Nicht, weil sie überzeugt sind, sondern weil sie wissen, dass es keinen Spielraum gibt.

Aber darum geht es auch nicht.

Es geht nicht darum, Verträge zu verändern, sondern sie zu kennen.
Nicht im Idealzustand, sondern im schlechten Fall.

Es geht darum zu wissen, welche Optionen bleiben, wenn etwas nicht läuft – und an welchen Stellen Beweglichkeit endet.

Der Irrtum der rückwirkenden Bewertung

Viele lesen Verträge erst dann genau, wenn sie beginnen zu drücken.
Dann fallen Sätze auf, die man vorher gesehen, aber nicht bewertet hat. Nicht falsch verstanden, sondern bewusst ignoriert.

Verträge sind so formuliert, dass sie funktionieren – nicht, dass sie warnen.
Sie sagen nicht: Das wird später eng.
Sie sagen nur: So ist es geregelt.

Praxis – warum frühes Gespräch trotzdem wichtig ist

Aus der Praxis lässt sich dennoch eines klar sagen:
Wenn Probleme entstehen, ist es entscheidend, früh ins Gespräch zu gehen.

Briefe der Bank zu ignorieren – etwa bei ersten Zahlungsproblemen oder Ratenrückständen – verschärft die Situation fast immer. Nicht, weil die Bank bestrafen will, sondern weil Zeit ein Risikofaktor ist.

Ein Gespräch kann helfen.
Nicht immer.
Nicht unbegrenzt.
Und nicht unabhängig vom Problem oder vom zuständigen Mitarbeiter.

Aber Banken haben zunächst kein Interesse an notleidenden Krediten. Im Rahmen ihrer Möglichkeiten werden daher oft Lösungen angeboten: Stundungen, Anpassungen, Übergangslösungen. Keine Geschenke – aber manchmal genau das, was reicht, um Druck herauszunehmen.

Wichtig ist nur:
Nicht zu viel erwarten.
Und nicht zu spät reagieren.

Fragen stellen heißt nicht Verantwortung abgeben

Dass Banken fragen, ob alles verstanden wurde, ist korrekt.
Diese Frage prüft jedoch kein Verständnis – sie markiert einen Übergang.

Mit dieser Zustimmung – inklusive der Aushändigung aller Zusatz- und Vertragsdokumente – wird der Vorgang formell abgeschlossen. Die Unterschrift dokumentiert, dass die Unterlagen übergeben wurden und als verstanden gelten; damit sind die Vorgaben der Bank erfüllt.

Ab diesem Punkt liegt die Verantwortung nicht mehr beim System, sondern bei dir.

Nicht emotional.
Nicht moralisch.
Strukturell.

Nicht für den Vertrag – sondern für die Konsequenzen daraus.

Klartext

Verträge tun nicht weh, solange alles läuft.
Gerade deshalb werden sie unterschätzt.

Nicht, weil sie unklar sind.
Sondern weil ihre Wirkung zeitversetzt eintritt.

Wer Verträge nur im Normalfall liest, versteht sie nicht.
Wer sie erst im Ausnahmefall liest, liest zu spät.

Am teuersten sind nicht die Fehler,
sondern die Dinge,
von denen man nicht wusste,
dass man sie hätte prüfen müssen

TEIL II – Objekt & Realität

Kapitel 7 – Objektsuche & Besichtigung: Die Realität hinter dem Schein

Warum Eindruck kein Zustand ist und Vorbereitung alles entscheidet

Die meisten Käufer scheitern nicht an der Finanzierung.
Sie scheitern hier – bei der Suche und bei der Besichtigung. Nicht, weil sie schlecht vorbereitet wären oder nicht rechnen könnten, sondern weil sie glauben, eine Immobilie zu prüfen, während sie in Wahrheit nur einen Eindruck bewerten und dabei kaum mehr tun, als an der Oberfläche zu kratzen – dort, wo Inszenierung beginnt und Prüfung endet.

Immobilien wirken klar und solide. Sie stehen da, sie sind greifbar, sie vermitteln Substanz und Sicherheit. Genau das macht sie trügerisch. Der erste Eindruck zeigt selten die Wahrheit. Er zeigt nur das, was sichtbar ist – und oft nur das, was sichtbar gemacht werden soll. Objektsuche und Besichtigung sind deshalb kein Spaziergang, sondern eine Prüfung unter Zeitdruck. Und sie entscheiden, ob du später überrascht wirst oder vorbereitet bist.

Nicht jede Anzeige ist ein Angebot. Viele sind nur Hoffnung auf den nächsten Dummen.
Jetzt beginnt der praktische Teil. Du kennst dein Budget. Du weißt, wo du suchen willst. Ab hier trennt sich Glück von Strategie. Der Markt ist voll mit Dingen, die auf Bildern glänzen und in der Realität stinken. Das heißt nicht, dass alles schlecht ist. **Es heißt nur, dass vieles erst dann ehrlich wird, wenn man aufhört, sich blenden zu lassen.** Du brauchst kein Glück – du brauchst Augen, die noch sehen, wenn andere noch träumen.

Die meisten starten online – und das ist okay. Immoscout, Immowelt, eBay Kleinanzeigen. Dort findest du vieles, aber nicht das Beste. Online ist die Oberfläche des Marktes. Die Tiefe liegt woanders. Die wirklich guten Objekte sind oft schon weg, bevor sie überhaupt im Netz auftauchen. Maklernetzwerke, Handwerker, Verwalter – sie wissen, wenn irgendwo jemand verkaufen will. Wenn du genau weißt, was du suchst, und das klar formulierst, bekommst du Angebote, bevor die Öffentlichkeit überhaupt etwas merkt.

Dann gibt es die leisen Wege. Ein Aushang im Supermarkt. Ein handgeschriebener Zettel im Briefkasten. Klingt nach 1980 – funktioniert aber heute besser als jeder Algorithmus. Ich habe das selbst erlebt. Meine Frau hat kleine Karten mit einem Foto von uns und den Kindern gemacht. Ein paar ehrliche Zeilen: was wir suchen, kein Marketing-Müll, kein Druck. Wir sind durchs Viertel gegangen, haben sie verteilt, Leute angesprochen. Mir war es peinlich – ihr nicht. Und genau darin steckt die Wahrheit: Erfolg entsteht oft nicht durch Mut, sondern durch Echtheit. Wir bekamen mehrere Angebote – direkt, ohne Makler, ohne Konkurrenz. Eines davon wurde unser Zuhause. Manchmal gewinnt nicht der Lauteste. Sondern der, der echt sucht.

Exposés sind Werbung – und oft unvollständig

Ein Exposé soll Interesse wecken. Nicht warnen. Nicht absichern. Und schon gar nicht vollständig erklären. Exposés lügen in der Regel nicht. Sie sind nur oft unvollständig – manchmal harmlos, manchmal folgenreich.

Der Grund dafür ist einfach: Es gibt nur wenige verbindliche Vorgaben, was ein Exposé enthalten muss. Eine inhaltliche Kontrolle findet praktisch nicht statt. Solange formale Mindestangaben erfüllt sind, bleibt der Rest Auslegungssache. Deshalb gibt es Exposés, die ihren Namen verdienen – und andere, die kaum mehr sind als eine bebilderte Verkaufsfläche.

Darum liest du dort „lichtdurchflutet", ohne den Hinweis, dass große Fensterflächen ohne Verschattung im Sommer nicht Atmosphäre schaffen, sondern dauerhaft Temperaturprobleme. Du liest „gepflegt", ohne zu erfahren, dass sich diese Pflege auf Oberflächen beschränkt, während Technik, Leitungen und Substanz seit Jahren unangetastet sind.

Und du liest „ruhige Lage", ohne zu wissen, was das konkret bedeutet. Ruhig heißt in vielen Fällen nur, dass der Nachbar gerade arbeiten ist oder die Nachbarin nicht versucht, im ersten Gang zum neunten Mal am Tag den Berg hochzufahren. Nicht falsch. Aber eben auch nicht belastbar.

Das ist keine Lüge.
Das ist Auswahl.
Beschrieben wird, was verkauft.
Ausgelassen wird, was du später aushalten musst.

Ein Exposé ersetzt keine Prüfung. Nie.
Es kann Eckdaten liefern und Interesse strukturieren. Aber es zeigt nur das, was bekannt ist – und das, was gezeigt werden soll. Die eigentliche Arbeit beginnt immer danach.

Die Suche beginnt nicht beim Objekt – sondern beim Markt

Viele Käufer starten mit einer Wunschliste. Der Markt interessiert sich nicht für Wünsche. Er zeigt, was verfügbar ist, was tragbar ist und was übrig bleibt, wenn andere schneller, kompromissloser oder besser vorbereitet waren.

Eine Suche wird erst sinnvoll, wenn du akzeptierst, dass der Markt dir nichts schuldet. Gute Immobilien sind selten. Schlechte Immobilien sind laut. Wunschlisten kollidieren zwangsläufig mit Realität. Jedes Objekt ist ein Kompromiss – entweder offen oder verdeckt.

Die Suche ist kein Katalog, aus dem du auswählst.
Sie ist ein Filter, der aussortiert.
Und dieser Filter muss klar sein – nicht hart, nur ehrlich.

Die erste Besichtigung entscheidet – wenn du prüfst, nicht spielst

Viele Menschen entscheiden in Minuten. Weil der Raum hell ist. Weil es sauber wirkt. Weil etwas „passt". Das ist kein Prüfen. Das ist Reaktion.

Die erste Besichtigung muss leisten, was viele erst nach mehreren Terminen erkennen: Substanz erfassen, Risiken sehen, Kosten grob einschätzen und den Zustand realistisch einordnen. Nicht vollständig, nicht perfekt, aber belastbar genug, um keine grundlegenden Fehlentscheidungen zu treffen.

Dabei gilt etwas, das viele unterschätzen: Du prüfst nicht im luftleeren Raum. Du wirst ebenfalls geprüft. Verkäufer und Makler entscheiden nicht nur nach Bonität, sondern auch nach Eindruck. Ein Käufer, der Stress ausstrahlt, jede Kleinigkeit zerlegt und auftritt, als müsse er einen Gegner entlarven, wird bei mehreren Interessenten selten bevorzugt. Nicht, weil er gründlich ist, sondern weil er Probleme erwarten lässt.

Prüfen heißt deshalb nicht konfrontieren.
Fragen heißt nicht attackieren.
Souveränität ersetzt Lautstärke.

Eine zweite Besichtigung ist ein Vorteil, aber kein Standard. Der Markt wartet nicht auf perfekte Abläufe. Wer zu langsam ist, verliert gute Objekte. Wer zu aggressiv auftritt, verliert sie ebenfalls. Genau deshalb brauchst du beim ersten

Termin Struktur, innere Ruhe und eine klare Reihenfolge – nicht demonstrativ, sondern kontrolliert.

Wenn die erste Besichtigung sitzt, entscheidest du nicht aus Stimmung, sondern aus Klarheit. Und du hinterlässt den Eindruck eines Käufers, mit dem man arbeiten kann.

Verkäufer zeigen dir die Bühne – du prüfst die Konstruktion

Kein Verkäufer führt dich zuerst dorthin, wo Häuser ihre Schwachstellen zeigen. Gezeigt wird die Bühne: Räume, Licht, Eindruck. Das ist normal. Und kein Vorwurf.

Deine Aufgabe ist eine andere.
Du gehst bewusst dorthin, wo Belastbarkeit sichtbar wird: in den Keller, unter das Dach, an die Außenhaut, zur Haustechnik, zum Sicherungskasten, zu Übergängen, Fensterfugen und Leitungsbereichen.

Prüfen heißt hinschauen, nicht bewundern.
Wer nur schaut, übersieht.
Wer prüft, erkennt Zusammenhänge.

Die typischen Fehler – und warum sie teuer werden

Die Fehler wiederholen sich. Immer.
Man verliebt sich in Optik und vergisst, dass Oberflächen günstig sind und Substanz teuer. Man ignoriert die Umgebung, obwohl man nicht nur das Objekt kauft, sondern auch den Alltag darum herum. Man stellt keine Fragen, weil man nicht unangenehm sein will. Und man blendet Technik aus, obwohl die teuersten Probleme selten sichtbar beginnen.

Das sind keine Anfängerfehler.
Das sind Denkfehler.

Die Bereiche, die wirklich tragen müssen

Eine Immobilie scheitert selten am Wohnzimmer. Sie scheitert an Dach, Fassade, Keller, Fenstern, Heizung und Elektrik. Diese Bereiche tragen das

Haus – oder sie werden später zu dem Punkt, an dem Entscheidungen teuer werden.

Nicht jeder Mangel ist ein Risiko

Besichtigungen erzeugen oft unnötige Angst. Plötzlich wirkt alles kritisch. Ein Riss wird zum Statikproblem, ein Fleck zum Schaden, ein Geruch zum Totalschaden.

Die Realität ist nüchterner. Setzrisse gehören zu vielen Häusern. Schimmel entsteht häufig durch falsches Lüften. Altbaukeller sind selten trocken. Putzrisse sind nicht automatisch strukturell relevant. Alte Heizkörper sind kein Sicherheitsproblem.

Entscheidend ist nicht, dass du etwas findest.
Entscheidend ist, warum es da ist.

Wer überall Risiken sieht, kauft nie.
Wer Ursachen erkennt, kann entscheiden.

Leitungen, Rohre, Elektrik – die stillen Kostentreiber

Die teuersten Themen liegen selten im Sichtbaren. Sie liegen im System dahinter.

Kupfer außen heißt nicht Kupfer innen. In vielen Bestandsimmobilien liegen dahinter noch Eisenrohre, die sich zusetzen oder korrodieren. Kein Drama – aber ein Kostenpunkt. Abwasserleitungen aus Gusseisen halten lange, bis sie es nicht mehr tun. Schäden sind lösbar, aber planungspflichtig.

Bei Heizungen zählt nicht das Alter, sondern der Zustand. Bei Elektrik gibt es keinen Graubereich. Zweiadrige Leitungen, fehlende FI-Schalter oder alte Sicherungen sind kein Schönheitsfehler, sondern ein klarer Handlungsbedarf.

Alles ist reparierbar.
Problematisch wird es nur, wenn du es erst nach dem Kauf erkennst.

Die eigentliche Entscheidungsgrundlage

Es geht nicht nur darum, ob dir das Objekt gefällt, sondern ob sein Aufwand dich auch langfristig nicht überfordert.

Dach, Heizung, Fenster, Leitungen, Energieklasse, Technik, Keller und Rücklagen formen den wahren Preis. Die meisten scheitern nicht am Kaufpreis. Sie scheitern an den Jahren danach.

Zwei Besichtigungen sind hilfreich – aber kein Schutzschild

Zwei Besichtigungen sind sinnvoll. Sie machen Details sichtbar, die beim ersten Termin untergehen. Aber gute Immobilien warten nicht.

Die erste Besichtigung muss den Großteil deiner Prüfung leisten. Genau deshalb brauchst du Struktur, Ruhe und Fokus auf Belastbarkeit statt Stimmung. Eine zweite Besichtigung ist ein Vorteil – kein Sicherheitsnetz.

Die Kunst liegt darin, zügig zu prüfen, ohne hektisch zu werden, und klar zu entscheiden, ohne sich selbst aus dem Rennen zu nehmen.

Klartext-Fazit

Besichtigungen sind keine Stimmungstests.
Sie sind Belastungsprüfungen.

Du prüfst nicht, ob es dir gefällt.
Du prüfst, ob es dich langfristig trägt.

Und du tust das ruhig, sachlich und so, dass du nicht nur richtig entscheidest, sondern auch als Käufer ernst genommen wirst.

TEIL III – Die Systemfehler, an denen Käufer scheitern

Kapitel 8 – Unterlagenprüfung: Die Wahrheit hinter dem Objekt

Grundbuch, Bauakten, Pläne und die Wahrheit auf Papier

Die meisten Fehler passieren nicht bei der Besichtigung.
Sie passieren später. Still. Unauffällig. Auf Papier. In Unterlagen, die kaum jemand vollständig liest. In Dokumenten, die harmlos wirken, trocken formuliert sind und trotzdem über Jahre festlegen, was du darfst, was du musst und welche Kosten irgendwann nicht mehr diskutiert werden.

Eine Immobilie kann gut aussehen und trotzdem eine schlechte Wahrheit haben. Diese Wahrheit hängt nicht an der Wand, sie liegt nicht im Grundriss und sie steht nicht in der Anzeige. Sie steckt in Akten, Registern und Unterlagen, die das Objekt nicht schön machen, sondern festlegen.

Warum Unterlagen gefährlicher sind als jeder Eindruck

Besichtigungen zeigen dir Oberfläche. Unterlagen zeigen dir Struktur. Du siehst Räume, Licht, Zustand, Geruch, Stimmung. Aber du liest, wie gebaut wurde. Womit gebaut wurde. Und unter welchen Regeln das Ganze überhaupt existiert.

Unterlagen fühlen sich nicht gut oder schlecht an. Sie funktionieren. Oder sie tun es nicht. Sie regeln, was erlaubt ist und was nie erlaubt war. Was genehmigt wurde und was einfach entstanden ist. Welche Pflichten du übernimmst, ohne gefragt zu werden. Und welche Kosten irgendwann bei dir landen – lange nachdem das gute Gefühl vom Kauf verschwunden ist.

Die meisten Probleme entstehen nicht, weil Käufer etwas „übersehen". Sie entstehen, weil diese Dinge nie zusammen gedacht wurden. Weil niemand sie miteinander verknüpft hat. Weil sie lange Zeit keine Rolle gespielt haben – bis sie plötzlich eine spielen.

Du kaufst nicht nur eine Immobilie – du kaufst ein Rechtspaket

Viele glauben, sie kaufen Stein. Quadratmeter. Räume. Optik. Das ist die sichtbare Hülle. In Wahrheit kaufst du ein Paket aus Rechten und Pflichten. Und dieses Paket steht nicht im Exposé.

Es steht in Akten, Registern, Plänen und Beschlüssen, die kaum jemand vollständig liest, die oft unscheinbar wirken und trotzdem darüber entscheiden, wie frei du mit dieser Immobilie wirklich bist.

Zu diesem Paket gehören unter anderem:
– das Grundbuch und der Lageplan
– das Baulastenverzeichnis
– Bauakten und Genehmigungen
– Grundrisse und Wohnflächenberechnungen

Bei Eigentumswohnungen zusätzlich:
– die Teilungserklärung mit Aufteilungsplan

Das ist kein Beiwerk. Das ist der Kern. Was dort steht, gilt. Nicht gefühlt, sondern rechtlich. Und was dort fehlt, wird irgendwann erklärt. Nicht heute. Nicht morgen. Vielleicht nie. Aber wenn, dann nicht in Worten, sondern in Einschränkungen, Rechnungen oder Pflichten, die mit deinen ursprünglichen Vorstellungen nichts mehr zu tun haben.

Rechte sind dabei nicht automatisch schlecht. Viele existieren, um Nutzung zu regeln, Abläufe abzusichern oder Interessen zu schützen. Das Problem ist nicht das Recht. Das Problem ist, dass kaum jemand versteht, was diese scheinbar neutralen Begriffe im Alltag bedeuten.

Rechte sind abstrakt formuliert. Ihre Wirkung ist es nicht. Ein Recht kann dir etwas ermöglichen. Es kann dich aber genauso binden, einschränken oder abhängig machen. Bei Nutzung. Bei Verkauf. Bei Finanzierung. Bei Planung.

Deshalb geht es nicht darum, Rechte pauschal abzulehnen oder reflexhaft „streichen" zu wollen. Es geht darum, zu verstehen, was ein konkretes Recht dir gibt – und was es dir nimmt. Erst dann kannst du entscheiden, ob dieses Recht zu deinem Vorhaben passt oder ob es später schmerzt.

Viele Käufer hoffen, dass schon jemand darauf hinweisen wird. Der Notar. Die Bank. Irgendwer. Das ist ein Irrtum. Notare sorgen für eine rechtlich saubere Abwicklung. Banken prüfen ihre Sicherheit. Beide prüfen nicht dein Leben mit dieser Immobilie.

Das Rechtspaket bleibt bei dir.
Mit allem, was dazugehört.

Warum viele Unterlagen „fehlen", obwohl es sie gibt

Viele dieser Unterlagen liegen heutigen Eigentümern gar nicht vor. Nicht aus Täuschung. Nicht aus Absicht. Sondern weil sie früher niemanden interessiert haben. Hinzu kommt, dass sich Regeln, Vorschriften und baurechtliche Anforderungen über Jahre verändert und verschärft haben – und dies weiterhin tun. Was früher unproblematisch war, kann heute prüf- oder genehmigungspflichtig sein.

Über Jahre, oft über Jahrzehnte, hatten viele Unterlagen keine praktische Auswirkung. Solange nichts umgebaut, geprüft, verkauft oder finanziert wurde, waren sie irrelevant. Also wurden sie nicht gesucht, nicht archiviert, nicht weitergegeben. Das heißt nicht, dass es sie nie gab. Es heißt nur, dass sie bislang folgenlos geblieben sind.

Genehmigungen verschwinden nicht. Auflagen lösen sich nicht auf. Alte Pläne, Berechnungen und Einträge werden nicht ungültig, nur weil man sie vergessen hat. Sie liegen still. Und genau das macht sie gefährlich.

Diese Dinge werden nicht relevant, weil du Eigentümer wirst. Sie werden relevant, wenn etwas passiert: Umbau, Schaden, Finanzierung, Verkauf oder ein Blick der Bank, Versicherung oder Behörde.

Vergessene Unterlagen sind keine akute Bedrohung. Sie sind latente Risiken. Sie tun nichts, solange alles ruhig bleibt. Aber wenn sie auftauchen, tun sie es ohne Vorwarnung. Ohne Verhandlungsspielraum.

Je älter das Gebäude, desto größer die Wahrscheinlichkeit für Lücken. Bei Häusern vor 1945 fehlen Unterlagen häufiger – kriegsbedingt, verloren, zerstört oder nie neu aufgebaut. Bei Gebäuden nach 1945 sollten wesentliche Dokumente spätestens beim Bauamt vorhanden sein. Fehlen sie dort ebenfalls, ist das kein Drama. Aber es ist auch kein „passt schon". Es ist ein Signal. Nicht für Panik – sondern für Aufmerksamkeit.

Es geht nicht darum, überall Probleme zu vermuten. Es geht darum, kein ungeprüftes Risiko mitzunehmen, das dir irgendwann sprichwörtlich im Keller begegnet.

Das Grundbuch – der Punkt, an dem viele Freiheit verlieren, ohne es zu merken

Das Grundbuch wirkt harmlos. Ein paar Seiten. Kleine Schrift. Nüchterne Sprache. Es schreit nicht. Es warnt nicht. Es erklärt sich nicht selbst. Und genau deshalb übersehen viele Käufer hier Dinge, die später ihr Leben, ihre Nutzung und ihre Freiheit einschränken.

Nicht plötzlich. Nicht dramatisch. Sondern schleichend, still und dauerhaft.

Alles an einer Immobilie lässt sich irgendwann verändern. Wände kann man versetzen, Leitungen erneuern, Dächer sanieren, Grundrisse anpassen. Was im Grundbuch steht, lässt sich nicht einfach verändern. Und wenn es änderbar ist, dann nicht schnell, nicht nebenbei und nicht ohne Zustimmung von Menschen, die du dir nicht ausgesucht hast – und oft nicht einmal kennst.

Das Grundbuch ist kein Papier. Es ist Realität in Schriftform.

Wie das Grundbuch aufgebaut ist – und warum viele es falsch lesen

Ein Grundbuch besteht nicht aus „ein paar Seiten“, sondern aus mehreren Teilen mit klar unterschiedlicher Funktion und rechtlicher Wirkung. Wer das nicht weiß, versteht oft nicht einmal, was er vor sich liegen hat – und glaubt trotzdem, informiert zu sein.

Am Anfang steht das Deckblatt. Dort findest du das zuständige Amtsgericht, die Grundbuchblattnummer und den Hinweis, wo dieses Grundbuch geführt wird. Danach folgt das Bestandsverzeichnis. Und erst danach beginnen die eigentlichen Abteilungen I, II und III.

Viele lesen das Grundbuch falsch herum. Oder sie bekommen es unvollständig. Oder sie glauben, sie hätten alles gesehen, obwohl sie nur einen Ausschnitt vorliegen haben. Das Problem ist nicht mangelnde Intelligenz. Das Problem ist falsche Sicherheit.

Das Bestandsverzeichnis – was du tatsächlich kaufst
Das Bestandsverzeichnis ist die Grundlage von allem. Hier steht nicht, wie das Haus aussieht. Hier steht, woraus dein Eigentum rechtlich besteht.

Im Bestandsverzeichnis sind die Grundstücke aufgeführt mit Gemarkung, Flur, Flurstück und der jeweiligen Größe dieser Flächen. Ein Grundstück kann aus einem Flurstück bestehen – oder aus mehreren. Und genau das wird hier verbindlich festgehalten.

Diese Angaben sind die Verbindung zwischen Grundbuch und Flurkarte. Erst hier entsteht Klarheit darüber, welche Flächen tatsächlich zu deinem Eigentum gehören, wie groß sie sind – und welche Flächen vielleicht seit Jahren genutzt werden, aber rechtlich jemand anderem gehören.

Was hier steht, entscheidet darüber, ob du einen Garten besitzt oder nur nutzt, ob eine Zufahrt Teil deines Eigentums ist oder fremder Grund, und ob das, was du vor Ort siehst, überhaupt vollständig zu dem gehört, was du kaufst.

Viele Käufer überlesen diesen Teil komplett. Dabei ist er der Punkt, an dem sich entscheidet, was dein Eigentum wirklich umfasst – und was nicht.

Abteilung I – Eigentum ist kein Gefühl, sondern ein Zustand

In Abteilung I steht, wem das Grundstück oder die Wohnung rechtlich gehört. Nicht gefühlt. Nicht „eigentlich". Nicht „war schon immer so". Sondern exakt so, wie es rechtlich gilt.

Genau hier müssen Dinge geklärt sein, die oft unterschätzt werden: Erbengemeinschaften, ungeklärte Nachlasssituationen, fehlende Umschreibungen, offene Eigentumsanteile und alte Vormerkungen, die nie sauber bereinigt wurden.

Ein Kauf scheitert nicht selten an fehlenden Unterschriften, ungeklärten Eigentumsverhältnissen oder Personen, die plötzlich mitentscheiden müssen. Wenn Abteilung I nicht sauber ist, verzögert sich nichts „ein bisschen". Dann steht erst einmal alles.

Abteilung II – hier verlierst du nicht Geld, sondern Freiheit

Abteilung II ist der Teil, den viele überfliegen. Und später bereuen. Denn hier geht es nicht um Zahlen. Hier geht es um Nutzung, Einschränkung und Rechte Dritter an dem, was du kaufen willst.

Wohnrechte, Nießbrauch, Wegerechte, Leitungsrechte, Reallasten, Auflassungsvormerkungen und Bergbauschadensverzicht sind keine juristischen Spitzfindigkeiten. Das sind reale Eingriffe in dein Eigentum.

Ein Wohnrecht ist kein freundlicher Hinweis. Ein Nießbrauch ist keine Formalie. Ein Wegerecht interessiert sich nicht dafür, wie du dein Grundstück nutzen möchtest. Diese Rechte sind oft abstrakt formuliert, technisch beschrieben und emotional neutral. Ihre Wirkung ist es nicht.

Niemand kauft gern eine Immobilie in dem Glauben, frei entscheiden zu können – und merkt später, dass jemand anderes dort wohnen darf, nutzen darf oder Ansprüche hat. Und wenn es hart auf hart kommt, bist nicht du der Maßstab, sondern das, was im Grundbuch steht.

Rechte sind nicht automatisch schlecht – aber sie müssen verstanden werden

Nicht jedes Recht ist ein Problem. Manche Rechte schützen, regeln, sichern. Genau deshalb existieren sie. Das Problem entsteht nicht durch das Recht selbst. Das Problem entsteht durch Unwissen.

Viele Begriffe klingen harmlos. Neutral. Technisch. Was sie im Alltag bedeuten, merkt man oft erst dann, wenn man etwas verändern, verkaufen, beleihen oder einfach nur frei entscheiden möchte. Ein Recht kann absichern. Es kann aber genauso binden. Und was überwiegt, entscheidet sich nicht im Wortlaut – sondern in der Wirkung.

„Das wird schon geregelt" – der gefährlichste Gedanke beim Grundbuch

Belastende Rechte werden nicht einfach gestrichen. Nicht von der Bank. Nicht vom Notar. Und nicht, weil man nett fragt. Wenn Rechte bestehen, gibt es nur zwei Optionen: Du akzeptierst sie. Oder sie müssen geklärt und geregelt werden – sonst findet das Geschäft nicht statt.

Ja, Rechte müssen nicht zwingend vor Vertragsunterzeichnung gelöscht sein. Aber sie dürfen nicht ungeklärt bleiben. Störende Rechte müssen vor dem Kauf konkret besprochen werden: Kann dieses Recht gelöscht werden? Unter welchen Voraussetzungen? Und sind diese Voraussetzungen realistisch erfüllbar?

In der Praxis geschieht diese Klärung meist im Zuge des Kaufvertrags. Der Notar prüft, ob eine Löschung rechtlich möglich ist, ob alle Unterlagen vorliegen und ob die berechtigten Personen eindeutig identifiziert, erreichbar und einverstanden sind.

Ein Recht ist nicht automatisch das Problem. Ein ungeklärtes Recht ist es.

Abteilung III – Hier werden Sicherheiten und Forderungen geklärt

In Abteilung III geht es nicht um Nutzung, nicht um Rechte Dritter und nicht um Gefühle. Hier geht es um Sicherheiten, um Forderungen und um die Frage, wer finanziell Zugriff auf die Immobilie hat – oder haben könnte.

Was hier steht, entscheidet nicht darüber, wie du wohnst. Es entscheidet darüber, wer Geld bekommt, bevor du es bekommst.

In der Praxis findest du hier vor allem eines: Grundschulden. Manchmal auch Hypotheken. Beides sind Sicherheiten für Kredite – aber nicht dasselbe.

Eine Grundschuld bedeutet nicht automatisch, dass noch Schulden bestehen. Sie ist zunächst nur ein Sicherungsinstrument. Viele Grundschulden bleiben bestehen, obwohl das dazugehörige Darlehen längst zurückgezahlt ist. Nicht aus Täuschung. Sondern aus Bequemlichkeit, aus Unwissen oder weil man sie später erneut nutzen wollte.

Grundschulden können mehrfach verwendet werden. Sie können für neue Kredite dienen, umgeschuldet oder erweitert werden. Deshalb sagt der bloße Eintrag im Grundbuch nichts darüber aus, wie hoch eine tatsächliche Restschuld ist – oder ob überhaupt noch eine besteht.

Genau deshalb übernimmt ein Käufer keine Schulden des Verkäufers. Beim Immobilienkauf wird in der Regel lastenfrei übergeben. Alles, was gelöscht werden kann, wird im Zuge des Kaufes gelöscht – auch Grundschulden.

Und hier kommt der Punkt, den viele nicht verstehen – aber entscheidend ist: Der Kaufpreis fließt nicht einfach an den Verkäufer. Der Notar schreibt alle eingetragenen Gläubiger an und lässt sich bestätigen, ob Forderungen bestehen und in welcher Höhe. Bestehende Schulden werden direkt aus dem Kaufpreis getilgt.

Das Geld geht also zuerst an die Banken oder Gläubiger – nicht an den Verkäufer. Er erhält nur das, was übrigbleibt, nachdem alle gesicherten Forderungen beglichen sind. So wird sichergestellt, dass du die Immobilie lastenfrei übernimmst und die entsprechenden Grundschulden gelöscht werden können.

In den meisten Fällen reicht der Kaufpreis problemlos aus, um bestehende Forderungen zu begleichen. Es kommt jedoch vor, dass eine eingetragene Grundschuld höher ist als der vereinbarte Kaufpreis. Dann muss vorab geklärt werden, ob die tatsächliche Restschuld bereits so gering ist, dass sie vollständig gedeckt ist – oder ob der Gläubiger einer Löschung auch dann zustimmt, wenn der Kaufpreis rechnerisch nicht ausreichen würde.

Das ist kein Drama. Aber es ist ein Punkt, der vor dem Notartermin geklärt sein muss.

Ist ein Darlehen vollständig zurückgezahlt, stellt die Bank eine Löschungsbewilligung aus. Manche Banken tun das automatisch. Andere erst auf ausdrückliche Anforderung des Kreditnehmers. Solange diese Bewilligung nicht vorliegt, bleibt die Grundschuld im Grundbuch bestehen – auch wenn faktisch keine Schuld mehr existiert.
Neben Grundschulden gibt es auch Hypotheken. Sie sind heute seltener, funktionieren anders und sind direkt an eine konkrete Forderung gekoppelt. Im Alltag begegnet man ihnen kaum noch – aber sie gehören rechtlich ebenfalls in diese Abteilung.

Bei deiner eigenen Finanzierung wird es spiegelbildlich: Die finanzierende Bank lässt ihre Sicherheit in Abteilung III eintragen. Das organisiert in der Regel derselbe Notar, der auch den Kaufvertrag beurkundet. Die Bank stellt dafür eine Grundschuldbestellungsurkunde zur Verfügung.
Auch private Personen können sich auf diese Weise absichern – eine Grundschuld ist nicht auf Banken beschränkt.

Abteilung III ist damit kein Risikoabschnitt. Sie ist ein Abwicklungsabschnitt. Wenn hier sauber gearbeitet wird, läuft der Kauf ruhig durch. Wenn hier Dinge ungeklärt bleiben, verzögert sich alles – oder wird unnötig kompliziert.

Notar und Bank – sie prüfen, aber nicht für dich

Der Notar sorgt für eine rechtlich saubere Abwicklung. Die Bank prüft aus Sicht ihrer Sicherheit. Beide machen ihren Job. Beide machen nicht deinen.

Und auch das muss klar gesagt werden: Weder Notare noch Banken sind unfehlbar. Auch dort wird übersehen, falsch eingeschätzt oder nur das geprüft, was im eigenen Verantwortungsbereich liegt. Eine Bank schützt nicht deine Nutzung. Sie schützt ihre Sicherheit.

Gerade wenn du keine Finanzierung brauchst, fällt ein großer Teil dieser externen Prüfung weg. Dann schaut niemand mehr aus eigenem Interesse genauer hin. Und genau dann wird es gefährlich, darauf zu vertrauen, dass „schon jemand etwas sagt".

Niemand schützt deine Nutzung außer dir selbst.

Der Grundbuchauszug – klein gedruckt, groß in der Wirkung

Auf jeder Seite des Grundbuchauszugs steht unten „Auszug vom …". Dieses Datum zeigt, von wann dieser Auszug stammt. Ein Auszug, der älter als zwei oder drei Monate ist, kann dir einen Zustand zeigen, der längst überholt ist. Du kaufst keine Vergangenheit. Du kaufst den IST-Zustand.

Viele Käufer bekommen nur Teile des Grundbuchs. Nicht aus Absicht, sondern aus Unwissen. Du brauchst:
- das Deckblatt
- das Bestandsverzeichnis
- Abteilung I, II und III
- alle Seiten
- keine Zusammenfassungen
- keine Teilauszüge

Ein unvollständiger Grundbuchauszug ist kein Informationsstand. Er ist eine Lücke. Und unbekannte Lücken sind im Minenfeld nie harmlos.

Klartext

Technik kannst du reparieren.
Recht kannst du oft nur akzeptieren.

Das Grundbuch entscheidet nicht, ob dir eine Immobilie gefällt. Es entscheidet, was dir wirklich gehört – und was dich bindet.

Wer hier sauber liest, kauft bewusst. Wer hier schludert, kauft Einschränkungen, Diskussionen und Kosten, die niemand angekündigt hat.

Flurkarte / Lageplan – der Abgleich, der zeigt, was du wirklich kaufst

Die Flurkarte wirkt einfach. Unspektakulär. Fast langweilig. Und im Prinzip ist sie genau das. Sie zeigt Linien, Zahlen und Flächen. Mehr nicht. Keine Emotion. Keinen Zustand. Keine Versprechen.

Genau deshalb ist sie wichtig. Während der erste Eindruck davon lebt, was man sieht und fühlt, zeigt die Flurkarte nur das, was tatsächlich vermessen wurde. Sie bewertet nicht. Sie erklärt nichts. Sie verhandelt nicht.

Sie zeigt Grenzen. Und Grenzen sind das, woran es später nicht mehr vorbeigeht. Die Flurkarte zeigt keine Eigentümer. Sie zeigt keine Rechte. Sie zeigt keine Geschichte. Sie zeigt nur die geometrische Realität.

Was sie allein nicht leisten kann, leistet sie in Verbindung mit dem Grundbuch.

Warum die Flurkarte ohne Grundbuch wertlos ist – und umgekehrt

Im Grundbuch steht, welche Flurstücke zu einer Immobilie gehören. Nicht gefühlt. Nicht „wird so genutzt“. Nicht „war schon immer so“. Sondern eindeutig benannt.

Genau diese Flurstücke nimmst du und gleichst sie mit der Flurkarte ab. Nicht andersherum. Nicht überschlägig. Nicht nach Gefühl.

Erst an diesem Punkt wird aus einer Immobilie etwas Konkretes. Du siehst:

– was du wirklich kaufst
– wie groß es tatsächlich ist
– wie es geschnitten ist
– und wo es endet

Nicht da, wo es schön aussieht. Nicht da, wo jemand einen Zaun gesetzt hat. Sondern da, wo die Linie verläuft.

Dieser Abgleich ist nüchtern. Und genau deshalb ehrlich.

Der Unterschied zwischen Nutzung und Eigentum

Viele Konflikte entstehen nicht durch bösen Willen, sondern durch Gewohnheit. Ein Garten wird seit Jahrzehnten genutzt. Eine Zufahrt selbstverständlich befahren. Ein Schuppen steht „schon immer“ dort, wo er steht.

Die Flurkarte interessiert sich nicht für Gewohnheit. Sie kennt nur Vermessung. Was außerhalb der Linie liegt, gehört nicht dazu. Egal, wie lange es genutzt wurde. Egal, wie selbstverständlich es wirkt. Egal, was jemand mündlich erklärt.

Hier trennt sich Nutzung von Eigentum. Und diese Trennung wird oft erst relevant, wenn etwas passiert: bei Verkauf, bei Streit, bei Finanzierung oder bei Neubewertung durch Dritte.

Warum der Blick von oben oft ehrlicher ist als die Besichtigung

Heute ist dieser Abgleich einfacher als je zuvor. Alle Bundesländer stellen digitale Geodaten zur Verfügung. Flurkarten, Lagepläne, Katasterkarten – online abrufbar. Oft ergänzt durch Luftbilder und Satellitenaufnahmen.

Du kannst wechseln:

– Flurkarte
– Luftbild
– Satellitenansicht

Hin und her. Ohne Interpretation. Ohne Gespräch. Ohne Verkaufsargumente.

Aus der Vogelperspektive siehst du Dinge, die vor Ort kaum auffallen: wo Gebäude wirklich stehen, wie sie zu den Grenzen liegen, was tatsächlich auf welchem Flurstück steht und ob Nutzung und rechtliche Realität zusammenpassen.

Das ist oft ehrlicher als jede Besichtigung. Weil du nicht im Objekt stehst, sondern darauf schaust.

Wenn Grundbuch und Flurkarte nicht zusammenpassen

Wenn Grundbuch und Flurkarte zueinander passen, ist das sauber. Dann weißt du, woran du bist.

Wenn nicht, ist das kein automatisches Problem. Aber es ist ein Prüfpunkt. Dann stellt sich nicht die Frage: Ist das schlimm? Sondern: Warum ist das so?

Manche Abweichungen sind erklärbar. Manche lösbar. Manche bewusst geduldet. Aber ungeklärt bleiben dürfen sie nicht. Denn alles, was du vor dem Kauf nicht verstehst, verstehst du später auf eine Weise, die unangenehmer ist.

Klartext

Die Flurkarte erklärt nichts. Aber sie zeigt.
Und wer Grundbuch und Flurkarte nicht miteinander abgleicht, kauft im Zweifel nicht das, was er glaubt zu kaufen – sondern das, was übrigbleibt, wenn man genauer hinschaut.

Kapitel 9 – Wegerecht & Leitungsrecht: Die unsichtbare Macht über dein Land

Was Nutzung ermöglicht – und was fehlt, wenn man es übersieht

Wegerechte und Leitungsrechte sind kein exotisches Sonderthema. Sie gehören zur alltäglichen Nutzung vieler Grundstücke. Sind sie sauber geregelt, funktionieren sie leise im Hintergrund. Man nutzt sie, ohne darüber nachzudenken. Genau deshalb werden sie beim Kauf oft nicht bewusst geprüft. Problematisch wird es nicht durch bestehende Rechte, sondern durch fehlende oder unklare. Dann geht es nicht um Komfort, sondern um rechtliche Grundlage. Und diese wirkt nicht sofort, sondern dann, wenn sich etwas ändert: bei einer Finanzierung, bei einer Umschuldung, beim späteren Verkauf – oder wenn neue Nachbarn ins Spiel kommen, die Nutzung plötzlich anders sehen als bisher. Dieses Kapitel ist kein Warnsignal. Es ist eine Einordnung dessen, was da ist – und dessen, was da sein sollte.

Was ein Wegerecht wirklich ist

Ein Wegerecht ist ein privatrechtliches Nutzungsrecht. Es erlaubt einer bestimmten Person oder einem bestimmten Grundstück, ein fremdes Grundstück zu betreten oder zu befahren, um Zugang zu ermöglichen – oder umgekehrt: es ermöglicht den Zugang zu deinem Grundstück, wenn dieser sonst nicht gesichert wäre. Das bedeutet konkret: Der Weg darf genutzt werden. Du darfst ihn nicht blockieren. Die Nutzung ist dauerhaft gesichert. Sie ist nicht abhängig von Sympathie, Stimmung oder persönlichem Verhältnis. Das schränkt Nutzung ein, ja. Aber es schafft vor allem Klarheit.

Wegerechte sind nichts Ungewöhnliches. Viele Grundstücke wären ohne sie gar nicht sinnvoll nutzbar. Entscheidend ist nicht, dass ein Wegerecht besteht, sondern wie es geregelt ist und für wen es gilt. Ein Punkt wird dabei häufig falsch verstanden: Wenn du selbst über ein fremdes Grundstück zu deinem Haus gelangst, steht dein Wegerecht nicht in deinem Grundbuch, sondern im Grundbuch des Nachbarn. Viele suchen an der falschen Stelle – und glauben dann, es gäbe kein Recht, obwohl es existiert.

Baulast ersetzt kein Wegerecht

Baulasten werden häufig mit Wegerechten verwechselt. Das ist ein Fehler. Eine Baulast ist öffentlich-rechtlich. Sie wirkt gegenüber der Bauaufsicht. Ein

Wegerecht ist privatrechtlich. Es wirkt zwischen Eigentümern. Eine Baulast kann erklären, warum ein Gebäude genehmigt wurde. Sie ersetzt aber kein privates Nutzungsrecht. Fehlt das Wegerecht im Grundbuch, hilft dir eine Baulast im Alltag nicht weiter. Und sie hilft dir auch nicht gegenüber einer Bank. Nutzung ohne privatrechtliche Absicherung bleibt rechtlich dünn. Beides gehört geprüft. Getrennt. Ohne Annahmen.

Wenn ein Wegerecht fehlt

Ein fehlendes Wegerecht ist kein theoretisches Problem. Es ist ein strukturelles. Wenn ein Grundstück faktisch nur über fremden Grund erreichbar ist, rechtlich aber kein Wegerecht besteht, hängt die Nutzung am guten Willen anderer. Das kann heute funktionieren. Es muss es aber nicht dauerhaft. Banken reagieren darauf unterschiedlich. Manche erkennen das sofort. Andere erst beim zweiten Blick. Fällt ein fehlendes Wegerecht auf, ist eine Finanzierung in der Regel nicht möglich. Nicht, weil das Haus schlecht ist, sondern weil die rechtliche Erschließung nicht gesichert ist.

Nicht umsonst spricht man in Banken- und Gutachtersprache vom „Helikoptergrundstück“. Rein rechtlich bleibt dann nur der Hubschrauber, um das Grundstück zu erreichen. Und selbst wenn der Kauf heute durchgeht: Spätestens bei einer Umschuldung oder beim Verkauf taucht das Thema wieder auf. Dann nicht als Frage, sondern als Hindernis. Ein Notwegerecht ist kein Ersatz. Es ist eine Ausnahmelösung, die eingeklagt werden muss, an enge Voraussetzungen gebunden ist und niemandem Planungssicherheit gibt. Kein Käufer plant ernsthaft mit einem Gerichtsverfahren als Zugangskonzept.

Leitungsrechte – geregelt, aber relevant

Leitungsrechte erlauben das Verlegen und den Betrieb von Leitungen über ein Grundstück. Wasser. Abwasser. Strom. Gas. Telekommunikation. Sie bedeuten Duldung von Leitungen, Betretungsrechte für Wartung, Einschränkungen bei Bebauung und gegebenenfalls Aufgrabungen. In der Praxis sind Leitungsrechte häufig vorhanden und beeinflussen den Alltag kaum. Relevant werden sie, wenn gebaut, umgestaltet oder erweitert werden soll. Auch hier gilt: Nicht jedes Leitungsrecht ist ein Problem. Aber jedes Leitungsrecht ist eine Einschränkung, die man kennen sollte, bevor man plant – nicht danach.

Klartext
Wegerechte und Leitungsrechte entscheiden nicht darüber, ob eine Immobilie schön ist. Sie entscheiden darüber, ob sie nutzbar bleibt. Wer hier sauber prüft, verhindert Konflikte, Blockaden und spätere Abhängigkeiten. Wer hier annimmt, hofft oder verdrängt, überlässt seine Nutzung dem Zufall – und dem guten Willen anderer.

Rechte wirken abstrakt – ihre Folgen nicht

Rechte lesen sich nüchtern. Technisch. Unaufgeregt. Ihre Auswirkungen sind es oft nicht. Ein Wegerecht entscheidet darüber, ob du Zugang hast. Ein fehlendes Wegerecht darüber, ob andere dir Zugang verwehren können. Ein Leitungsrecht entscheidet darüber, wo du bauen darfst – oder eben nicht. Fehlende oder unklare Rechte können ein Grundstück faktisch entwerten oder seinen Wert massiv beeinflussen. Nicht, weil etwas kaputtgeht. Sondern weil Nutzung rechtlich nicht abgesichert ist.

Diese Dinge tun nicht weh, solange alles läuft. Sie werden spürbar, wenn sich etwas ändert. Wenn finanziert wird. Wenn umgeschuldet wird. Wenn verkauft wird. Oder wenn Nachbarn, Behörden oder Banken genauer hinschauen. Darum geht es hier nicht um Angst. Sondern um Verstehen.

Klartext
Wegerechte und Leitungsrechte sind Teil der Grundstücksrealität. Sie sind weder gut noch schlecht. Sie regeln Nutzung. Entscheidend ist nicht, ob sie bestehen. Entscheidend ist, ob das, was genutzt wird, auch rechtlich abgesichert ist. Was fehlt, fällt oft erst auf, wenn es teuer wird. Und genau deshalb prüft man es vorher.

Baulasten – bindend, aber selten isoliert

Baulasten sind kein Grundbuchrecht. Aber sie sind auch kein Randthema. Sie stehen nicht im Grundbuch. Sie übertragen kein Eigentum. Sie geben niemandem ein privates Nutzungsrecht. Und trotzdem formen sie, wie Grundstücke zueinanderstehen, wie gebaut werden durfte und warum bestimmte Situationen heute so sind, wie sie sind.

Eine Baulast verpflichtet ein Grundstück baurechtlich, etwas zu dulden oder zu ermöglichen, damit ein anderes Grundstück genehmigungsfähig war oder bleibt. Nicht situativ. Nicht vorübergehend. Sondern als Teil einer baurechtlichen Gesamtlösung. Typische Fälle sind Abstandsflächen, die rechnerisch nicht eingehalten werden konnten, Gebäude, die näher an einer Grenze stehen, als es das Regelwerk erlaubt, Zufahrten oder Leitungen, die über fremde Flächen geführt werden mussten, oder Stellplätze, die nicht auf dem eigenen Grundstück nachgewiesen werden konnten. Baulasten entstehen selten aus Bequemlichkeit. Sie entstehen, weil etwas sonst nicht genehmigt worden wäre.

Warum Baulasten immer mehrere Grundstücke betreffen

Baulasten wirken nicht nur auf ein Grundstück. Sie wirken zwischen Grundstücken. Dein Grundstück kann belastet sein, damit ein Nachbar bauen durfte. Oder dein Gebäude steht näher, höher oder anders, weil ein anderes Grundstück eine baurechtliche Verpflichtung übernommen hat. Das Entscheidende dabei: Baulasten sind keine Schuldfrage. Sie sind eine baurechtliche Konstruktion, um Situationen möglich zu machen, die ohne sie verboten gewesen wären. Deshalb betreffen sie nicht nur deine Nutzung. Sie betreffen auch, wie andere dich wahrnehmen, wie Nachbarn planen können und wo ihre Grenzen verlaufen.

Was Baulasten wirklich erklären

Der rechtliche Hintergrund ist nüchtern: Baulasten sind öffentlich-rechtlich. Sie sind Teil der Genehmigungslage. Sie regeln nicht Besitz oder Nutzung. Sie regeln Zulässigkeit. Sie erklären, warum etwas so gebaut wurde, wie es gebaut wurde – auch dann, wenn es von heutigen Normen abweicht. Und sie erklären, warum es heute genau so stehen darf – oder warum es eben nicht ohne Weiteres verändert werden kann. Wer Baulasten liest, liest keine Einschränkung. Er liest die Baugeschichte eines Quartiers.

Klartext

Baulasten sind kein Makel. Aber sie sind auch kein Detail. Sie zeigen, wo Grundstücke voneinander abhängen, wo Genehmigungen aufeinander aufbauen und wo baurechtliche Realität beginnt. Wer sie versteht, versteht das Gefüge. Wer sie ignoriert, sieht nur sein eigenes Grundstück – und übersieht, warum es so ist, wie es ist. Und genau dort entstehen später die Fragen, auf die niemand vorbereitet war.

Kapitel 10 – Geplante Wahrheit vs. gebaute Realität

Bauakte, Grundriss und der ehrliche Abgleich

Eine Immobilie zeigt dir, wie sie heute aussieht. Die Bauakte zeigt dir, wie sie gedacht war. Zwischen diesen beiden Zuständen liegen oft Jahrzehnte. Jahrzehnte, in denen umgebaut, angepasst, erweitert, vereinfacht, improvisiert und manchmal auch einfach gemacht wurde. Nicht aus böser Absicht. Sondern weil Häuser benutzt werden. Weil Leben stattfindet. Weil Anforderungen sich ändern. Und weil vieles lange keine Konsequenzen hatte. Genau deshalb ist die Bauakte wichtig. Nicht, weil sie Probleme sucht. Sondern weil sie Zusammenhänge zeigt.

Was die Bauakte wirklich ist

Die Bauakte ist kein verstaubtes Archivstück und kein verwaltungsrechtlich Relikt. Sie ist die technische und rechtliche Ursprungsversion des Hauses. Sie zeigt, was genehmigt wurde, was erlaubt war und unter welchen Voraussetzungen gebaut werden durfte. In ihr finden sich unter anderem genehmigte Baupläne, statische Berechnungen, Anbauten und Erweiterungen, Nutzungsänderungen, behördliche Auflagen und Bauzustände, die heute nicht mehr zulässig wären. Sie dokumentiert nicht, wie das Haus genutzt wird, sondern wie es entstanden ist. Und genau darin liegt ihre Bedeutung. Alles, was dort sauber dokumentiert ist, hat eine Grundlage. Alles, was fehlt, muss irgendwann erklärt werden.

Geplante Wahrheit vs. gebaute Realität

Häuser bleiben selten exakt so, wie sie einmal genehmigt wurden. Typische Abweichungen sind alltäglich: Räume wurden geteilt oder zusammengelegt, Wände entfernt, Dachböden ausgebaut, Balkone geschlossen, Garagen ergänzt, Nutzungen verschoben. Nichts davon ist automatisch ein Problem. Aber alles davon ist erklärungsbedürftig. Die Bauakte zeigt dir, was ursprünglich erlaubt war. Das Haus zeigt dir, was tatsächlich gemacht wurde. Erst der Abgleich beider Ebenen ergibt ein vollständiges Bild.

Klartext

Die Bauakte zeigt nicht, wie ein Haus wirkt. Sie zeigt, wie es rechtlich entstanden ist. Sie ist kein Drama. Aber sie ist ein Teil der Wahrheit. Und Wahrheit gehört vor die Entscheidung. Nicht dahinter.

Grundrisse & Wohnflächen – der ehrlichste Abgleich zwischen Papier und Realität

Grundrisse und Wohnflächen sind keine Interpretation. Keine Meinung. Kein Marketing. Sie sind Maße, Linien, Zahlen und Verhältnisse. Mehr nicht. Aber genau deshalb sind sie so wertvoll. Ein Grundriss zeigt nicht, wie sich ein Raum anfühlt. Er zeigt, wie er gedacht, geplant und genehmigt wurde. Und genau daran kannst du messen, ob das, was heute vor dir steht, überhaupt zu dem passt, was einmal erlaubt war. Grundrisse sind kein Gestaltungselement. Sie sind ein Kontrollinstrument.

Der einfache Abgleich, den fast niemand macht

Der ehrlichste Check einer Immobilie ist gleichzeitig der banalste. Und er wird fast nie gemacht. Du nimmst den Plan. Du nimmst ein Maßband oder einen Laser. Und du misst nach. Nicht kompliziert. Nicht akademisch. Nicht teuer. Eine Wand im Plan: 3,00 m. Eine Wand in der Realität: 3,00 m. Passt. Oder eben nicht. Leichte Abweichungen sind normal. Putz. Wandaufbauten. Ungenauigkeiten bei alten Zeichnungen. Das ist kein Drama. Aber größere Abweichungen sind ein Signal. Kaum jemand misst nach. Nicht aus Faulheit. Sondern weil viele glauben, dass das, was gedruckt, gestempelt oder gezeichnet ist, schon stimmen wird. Das ist kein Vorwurf. Das ist Beobachtung.

Warum Abweichungen kein Drama sind – aber ein Hinweis

Abweichungen bedeuten nicht automatisch ein Problem. Häuser leben. Sie verändern sich. Wände werden versetzt. Räume geteilt oder zusammengelegt. Durchgänge geschlossen. Flächen anders genutzt. Das ist normal. Relevant wird es erst, wenn du nicht weißt, was davon geplant, genehmigt oder dokumentiert ist – und was einfach irgendwann passiert ist, weil es praktisch war. Der Grundriss zeigt dir nicht, was falsch ist. Er zeigt dir, wo du genauer hinschauen musst.

Wohnfläche – keine Schätzung, sondern ein Rechenweg

Wohnfläche ist keine Meinung. Sie ist eine Berechnung. Und diese Berechnung ist erstaunlich oft nicht nachvollziehbar. Nicht, weil jemand betrügen will. Sondern weil Fläche komplex ist. Dachschrägen. Raumhöhen unter zwei Metern. Unbeheizte Räume. Balkone mit Faktoren. Spätere Anbauten. Teilflächen, die irgendwann „mitgerechnet" wurden. Eine Wohnflächenzahl ohne Berechnungsweg ist keine Sicherheit. Sie ist eine Behauptung. Erst der Rechenweg zeigt dir, wie diese Zahl zustande gekommen ist und ob sie zur Realität passt.

Unterlagen wirken sauber – und werden genau deshalb selten hinterfragt. Viele Unterlagen sehen ordentlich aus. Architektenpläne. Alte Zeichnungen. Kopien aus Akten. Und genau deshalb werden sie oft einfach hingenommen. Man bekommt sie. Man legt sie ab. Man vertraut darauf, dass schon jemand vorher geprüft hat. Doch Vertrauen ersetzt keinen Abgleich. Nicht, weil Unterlagen schlecht wären. Sondern weil sie ohne Vergleich wertlos bleiben. Erst wenn Plan und Realität übereinandergelegt werden, entsteht ein vollständiges Bild.

Klartext

Grundrisse und Wohnflächen sind kein Nebenthema. Sie sind der direkteste, nüchternste und ehrlichste Realitätscheck, den du hast. Du brauchst dafür kein Gutachten. Keine Software. Kein Fachchinesisch. Nur Augen. Ein Maß. Und die Bereitschaft, nicht einfach zu glauben, sondern zu vergleichen.

Energieausweis – Pflichtdokument, nicht Qualitätsurteil

Der Energieausweis ist kein Qualitätsnachweis und kein Blick in die Zukunft. Er ist ein Pflichtdokument geworden. Ohne ihn geht nichts. Nicht bei der Finanzierung. Nicht bei Vermietung. Nicht beim Verkauf. Er entscheidet nicht über gut oder schlecht. Er entscheidet darüber, ob ein formaler Baustein vorhanden ist oder fehlt. Der Energieausweis zeigt, mit welchen energetischen Kennwerten ein Gebäude erfasst wurde und auf welcher Datengrundlage diese Bewertung beruht. Mehr macht er nicht. Aber weniger eben auch nicht.

Die zwei Arten von Energieausweisen

Es gibt zwei Varianten, die häufig verwechselt werden und trotzdem völlig unterschiedlich zu lesen sind. Der Bedarfsausweis basiert auf einer theoretischen Berechnung. Bauteile. Dämmstandard. Heizungsart. Baujahr. Geometrie. Technisch. Modellhaft. Vergleichbar. Er ist relativ stabil, weil er unabhängig davon ist, wie Menschen tatsächlich heizen.

Der Verbrauchsausweis basiert auf realem Energieverbrauch der letzten Jahre. Und genau hier liegt der Knackpunkt. Der Verbrauch zeigt oft nicht das Gebäude, sondern die Menschen darin. Sparsames Heizverhalten. Kleiner Haushalt. Leerstand. Oder das Gegenteil. Der Verbrauchsausweis ist kein Urteil. Er ist eine Momentaufnahme. Und Momentaufnahmen taugen nicht als Zukunftsversprechen.

Was du wirklich prüfen musst

Zuerst die Gültigkeit. Ganz oben im Dokument steht, bis wann der Energieausweis gültig ist. Ein abgelaufener Energieausweis ist kein Detail. Er ist ungültig. Und für Banken heute nicht mehr akzeptabel. Ein abgelaufener Energieausweis ist für die meisten Banken ein Ausschlusskriterium.

Danach kommt die Plausibilität. Vor allem: Baujahr des Gebäudes, Art der Heizung, Baujahr der Heizungsanlage. Wirken diese Angaben unlogisch, sagt das nicht automatisch etwas über die Immobilie aus. Es sagt etwas über die Datengrundlage.

Und schließlich: Ein Energieausweis ohne Kennwerte ist kein Energieausweis. Er ist Papier.

Was der Energieausweis nicht ist

Der Energieausweis ist keine Garantie für reale Heizkosten. Keine Aussage über zukünftige Sanierungspflichten. Kein Qualitätsurteil über die Bausubstanz.

Klartext

Der Energieausweis entscheidet nicht, ob eine Immobilie gut oder schlecht ist. Er zeigt nur, ob die energetischen Daten sauber erfasst wurden und ob das Dokument formal gültig ist. Und gültig muss er sein. Spätestens für die Bank.

Hochwasser- und Starkregenkarten – Risiken ohne Verhandlungsspielraum

Es gibt Risiken, über die man reden kann. Und es gibt Risiken, die nicht diskutiert werden. Wasser gehört zur zweiten Kategorie. Hochwasser und Starkregen sind keine Meinungen. Sie folgen ihrer eigenen Logik. Und diese Logik interessiert sich nicht für Kaufpreise, Grundrisse oder Exposé-Texte.

Diese Karten zeigen, wie Wasser über Gelände läuft, wo es sich sammelt und welche Bereiche statistisch betroffen sind. Hochwasser betrifft Flüsse. Planbar. Kartiert. Starkregen betrifft Gelände. Lokal. Brutal. Unberechenbar.

Höhenlage schützt nicht automatisch. Ein Haus kann hoch liegen und trotzdem im tiefsten Punkt seiner Umgebung stehen. Dann sammelt sich Wasser genau dort, wo alles sicher wirkt.

Klartext

Wasser verhandelt nicht. Wer diese Karten prüft, versteht die Lage. Wer sie ignoriert, kauft ein Risiko, das niemand für ihn trägt.

Bergbau & Geodaten – ein stiller Prüfpunkt

Bergbau ist kein regionales Sonderthema. Er fand in Deutschland nicht nur im Ruhrgebiet statt, sondern über Jahrhunderte verteilt im ganzen Land – unter anderem durch Kohle-, Salz-, Erz-, Gips-, Ton-, Sand- und Kiesabbau.

Viele dieser Eingriffe sind heute nicht mehr sichtbar. Förderanlagen verschwunden. Flächen überbaut. Landschaften renaturiert. Was bleibt, ist der Untergrund – und der interessiert sich nicht dafür, ob ein Thema vergessen wurde.

Bergbauliche Einwirkungen müssen kein Problem sein. In vielen Gebieten sind sie abgeschlossen, reguliert oder ohne praktische Relevanz. Relevant wird das Thema nicht durch seine Existenz, sondern durch fehlende Kenntnis.

Der Vorteil heute: Nahezu alle Bundesländer stellen digitale Geodaten zur Verfügung. Dazu gehören unter anderem Hinweise zu Altbergbau, Untergrundrisiken oder früheren Abbaugebieten. Diese Daten sind online abrufbar, objektbezogen und unabhängig von Verkaufsargumenten.

Es geht nicht darum, überall Risiken zu vermuten. Es geht darum, einen stillen Prüfpunkt nicht auszulassen – weil er prüfbar ist.

Klartext

Bergbau ist kein Ausschlusskriterium. Aber Nicht-Prüfen ist eines.

Altlasten – der Boden hat ein Gedächtnis

Altlasten sind kein Dauerthema. Sie tauchen selten auf, werden noch seltener aktiv geprüft und spielen in der Mehrheit der Fälle keine praktische Rolle. Genau deshalb verschwinden sie häufig komplett aus dem Fokus – nicht weil sie unwichtig wären, sondern weil sie unbequem sind und in den meisten Fällen keine unmittelbaren Konsequenzen haben.

Und trotzdem gehören sie in eine saubere Prüfung. Nicht aus Angst. Nicht aus Misstrauen. Sondern aus Haltung.

Der Boden vergisst nicht, was früher einmal war. Er speichert Nutzung, Eingriffe, Ablagerungen und Umnutzungen. Manchmal ist das bedeutungslos. Manchmal erklärt es Auffälligkeiten, die heute niemand mehr einordnen kann. Und in seltenen Fällen wird daraus ein echtes Thema – nicht sofort, nicht laut, aber spürbar.

Altlasten sind fast nie ein akutes Kaufhindernis. Aber sie können später Auswirkungen haben: bei Bauvorhaben, bei Nutzungsänderungen, bei Entsorgung, bei Bewertungen oder bei Versicherungsfragen. Nicht heute. Nicht zwingend morgen. Vielleicht nie. Aber wenn, dann ohne Vorwarnung.

Darum geht es hier nicht darum, Probleme zu suchen. Es geht darum, nichts zu übersehen, was grundsätzlich bekannt sein sollte. Ein kurzer Blick ins Altlastenverzeichnis reicht in der Regel aus, um zu wissen, ob es überhaupt einen Eintrag gibt – oder eben nicht. Kein Gutachten. Keine Panik. Keine Interpretation. Nur Klarheit darüber, ob das Grundstück eine dokumentierte Vorgeschichte hat. Mehr braucht es an dieser Stelle nicht.

Klarheit entsteht nicht durch Misstrauen, sondern durch vollständige Information. Altlasten sind selten ein Risiko. Aber sie sind ein Teil der Wahrheit. Und Wahrheit gehört vor die Entscheidung. Nicht dahinter.

Erschließung & Straßenbaubeiträge – die Kosten, die leise kommen

Viele Käufer glauben, der Kaufpreis sei der Preis. Das stimmt – solange die Kommune nicht später anklopft. Erschließungs- und Straßenbaubeiträge gehören zum System. Sie tauchen selten auf. Aber wenn sie kommen, kommen sie verbindlich – und oft Jahre nach dem Kauf. Genau das macht sie relevant. Sie stehen nicht im Exposé. Nicht im Grundbuch. Und kaum ein Käufer fragt aktiv danach.

Was hinter diesen Kosten steckt

Es gibt zwei Arten von Belastungen.

Erschließungsbeiträge: Kosten für Straße, Wege, Kanal, Wasser, Strom. Viele dieser Maßnahmen wurden früher nur teilweise abgerechnet. Manche Kommunen holen heute nach, was damals offen geblieben ist – rechtlich sauber, aber zeitlich weit entfernt vom Kaufmoment.

Straßenbaubeiträge: Wird eine Straße erneuert, ausgebaut oder modernisiert, kann die Gemeinde Eigentümer an den Kosten beteiligen – abhängig von Satzung, Zeitpunkt und Bundesland. Die Beträge unterscheiden sich stark. Von überschaubar bis spürbar. Das eigentliche Problem ist selten die Höhe. Es ist der Zeitpunkt. Und die Tatsache, dass niemand damit rechnet.

Warum das Thema selten ist – aber Teil jeder Prüfung bleiben muss

Die meisten Grundstücke sind sauber. In vielen Straßen ist alles längst abgerechnet. Und oft wird nie wieder etwas kommen. Aber „oft" ist kein

Schutz. Es reicht ein einziges Grundstück, bei dem alte Maßnahmen noch offen sind oder eine neue Sanierung geplant wird. Und plötzlich gehört das Thema dir. Nicht als Diskussion. Nicht als Verhandlung. Sondern als Bescheid.

Wie du es richtig prüfst

Der Check ist einfach. Und genau deshalb solltest du ihn machen. Die einzige verlässliche Quelle ist die Stadt oder Gemeinde. Und die meisten Kommunen machen es unkompliziert: Adresse nennen. Flurstück, wenn vorhanden. Telefonisch oder per Mail nachfragen.

Oft bekommst du direkt eine klare Auskunft. Kurz. Sachlich. Kostenlos. Manchmal verlangt die Behörde eine schriftliche Anfrage. Ein formloser Satz reicht. Manchmal kostet diese Auskunft eine kleine Gebühr. Der Aufwand ist gering. Der Erkenntnisgewinn hoch.

Der Punkt zur Finanzierung

Erschließungsbeiträge sind für Banken selten ein Prüfthema, sie sind kein Bestandteil der klassischen Bankprüfung für eine Finanzierung. Für die Bank spielen sie keine Rolle, für dich als Eigentümer schon.

Darum machst du diesen Check für dich selbst – nicht fürs Bankgespräch.

Klartext

Diese Prüfung dauert Minuten. Und sie verhindert Überraschungen, die Jahre später kommen und schnell mehrere tausend Euro bedeuten können. Erschließung und Straßenbau sind selten ein Problem. Aber sie gehören in jede ehrliche Prüfung. Nicht, weil man misstrauisch sein muss. Sondern weil sie Teil der Wahrheit eines Grundstücks sind.

Gebäudeversicherung – ein formaler Punkt, der erst dann auffällt, wenn er fehlt

Die Gebäudeversicherung gehört zu den Themen, die im Kaufprozess fast immer als selbstverständlich mitlaufen. Nicht, weil sie unwichtig wäre, sondern weil sie selten aktiv geprüft wird. Sie ist da, sie existiert, also hakt man sie innerlich ab und geht weiter zum nächsten Punkt.

Grundsätzlich ist die Regel klar: Mit dem Eigentumsübergang geht die bestehende Gebäude-versicherung auf den Käufer über. Es braucht meist keinen neuen Vertrag, keine Zustimmung, keine Neubeantragung. Der Schutz folgt dem Objekt. Das klingt beruhigend. Und ist es auch – wenn die Grundlage stimmt.

Was geprüft werden sollte – nicht aus Misstrauen, sondern aus Ordnung

Zwei Fragen reichen aus: Besteht überhaupt eine Gebäudeversicherung? Und ist der Versicherungsschutz aktuell aktiv, also der Beitrag bezahlt?

Eine Police sagt nichts über den Zahlungsstand aus. Ein ruhender Vertrag schützt nicht. Und niemand meldet sich, um dich darauf hinzuweisen. Das ist kein alltägliches Problem. Aber eines, das mit minimalem Aufwand ausgeschlossen werden kann – und genau deshalb sollte man es tun.

Der Zeitraum, in dem Verantwortung bereits wirkt

Zwischen Kaufpreiszahlung, Besitzübergang und tatsächlicher Nutzung liegen oft nur wenige Tage. Manchmal auch nur Stunden. In dieser Zeit bist du wirtschaftlich bereits verantwortlich, auch wenn sich emotional noch nichts verändert hat.

Genau deshalb ist es sinnvoll, nicht davon auszugehen, dass „schon alles läuft", sondern kurz zu wissen, wie es läuft. Nicht aus Angst, sondern aus eigenem Interesse.

Vorherige Schäden sind kein Makel – aber Information

Mit entsprechender Vollmacht des Verkäufers kann man bei der bestehenden Versicherung Auskunft über frühere Schäden erhalten. Nicht, um Fehler zu suchen. Sondern um Muster zu erkennen.

Ein Gebäude, das regelmäßig Wasserschäden hatte, erzählt eine Geschichte. Keine über Schuld – sondern über Technik, Leitungen, Alter und Belastung. Diese Information verpflichtet zu nichts. Aber sie ergänzt das Bild.

Sonderkündigungsrecht – Freiheit nach der Umschreibung

Nach der Eintragung als Eigentümer im Grundbuch besteht ein gesetzliches Sonderkündigungsrecht gegenüber der bestehenden Gebäudeversicherung. Die Frist beträgt einen Monat ab Eigentumsumschreibung.

Das bedeutet: Du kannst den Vertrag übernehmen, anpassen oder beenden. Der Versicherer kann das ebenfalls. Nicht als Drohung. Sondern als Mechanik.

Klartext

Die Gebäudeversicherung entscheidet nicht über den Kauf. Aber sie entscheidet darüber, ob Ordnung herrscht und die nötige Sicherheit besteht. Wer kurz prüft, ob Schutz besteht, Beiträge gezahlt sind und welche Optionen nach der Umschreibung offenstehen, verhält sich nicht vorsichtig – sondern strukturiert.

11 Kapitel – Prüfen heißt Verantwortung übernehmen

Warum Unterlagen kein Ritual sind – sondern der Moment, in dem sich Zukunft entscheidet

In vielen Kaufprozessen wird der Umgang mit Unterlagen als formaler Teil eines Ablaufs verstanden, der vor allem für Dritte relevant erscheint. Für die Bank, für den Notar, für den Verkäufer oder für ein System, das am Ende Vollständigkeit dokumentieren will. Diese Sichtweise ist verbreitet, aber sie verkennt den eigentlichen Zweck von Prüfung.

Unterlagen sind kein Dienst an anderen.
Sie sind ein Instrument zur eigenen Orientierung.

Hier entscheidet sich Zukunft

Wo Immobilien geprüft werden, geht es nicht darum, jemanden zufriedenzustellen oder formale Erwartungen zu erfüllen, sondern darum, Klarheit über eine Entscheidung zu gewinnen, deren Folgen nicht kurzfristig wirken, sondern über Jahre und Jahrzehnte tragen oder belasten. Prüfung entsteht nicht aus Misstrauen, sondern aus dem Verständnis, dass langfristige Entscheidungen keine Abkürzungen erlauben.

Die meisten Fehlentscheidungen im Immobilienkontext entstehen nicht durch offensichtliche Mängel, sondern durch Annahmen, die nie ausgesprochen und folglich auch nie überprüft wurden. Unterlagen machen diese Annahmen sichtbar. Nicht immer vollständig, nicht immer eindeutig, aber oft deutlich genug, um zu erkennen, wo Realität und Vorstellung auseinanderlaufen.

In der Praxis werden Unterlagen dennoch häufig wie eine lästige Pflicht behandelt. Man sammelt sie, überfliegt sie, verlässt sich auf Zusammenfassungen oder mündliche Einordnungen und geht davon aus, dass das Wesentliche schon passen wird. Diese Haltung ist bequem, aber sie ist riskant, weil sie Verantwortung auslagert und Komplexität verdrängt.

Unterlagen sind keine Bestätigung.
Sie sind ein Prüfstein.

Das Grundbuch etwa wird oft als endgültige Wahrheit gelesen, als würde alles, was dort verzeichnet ist, bereits erklären, wie stark Rechte und Lasten tatsächlich wirken. In Wirklichkeit zeigt es lediglich, *dass* etwas existiert, nicht *wie* sehr es Handlungsspielräume begrenzt. Ein Wegerecht erscheint unproblematisch, solange es den Alltag nicht berührt. Eine Leitungsführung bleibt abstrakt, solange sie unsichtbar ist. Erst wenn sich Anforderungen ändern, wird deutlich, welche Bedeutung solche Einträge tatsächlich haben.

An der Oberfläche bleibt, wer nur fragt, ob etwas eingetragen ist.
Relevanter ist die Frage, was dadurch künftig nicht mehr möglich sein wird.

Ähnlich verhält es sich mit Bauakten. In vielen Fällen wird davon ausgegangen, dass sichtbarer Bestand automatisch genehmigt sei, weil er genutzt wird und weil es bislang keine Beanstandung gab. Diese Annahme trägt oft nur so lange, bis Veränderungen notwendig werden. Bauakten zeigen nicht, was steht, sondern was erlaubt wurde. Zwischen diesen beiden Zuständen liegt häufig eine erhebliche Differenz, entstanden über Jahre durch Anpassungen, Erweiterungen und pragmatische Lösungen, die funktionierten, solange sie nicht hinterfragt wurden.

Geduldete Zustände sind jedoch keine rechtliche Absicherung.
Solange nichts berührt wird, bleibt diese Differenz unsichtbar.
Sobald Umbauten, Nutzungsänderungen oder formale Prüfungen anstehen, wird sie relevant.

Pläne verstärken den Eindruck von Ordnung zusätzlich. Maße, Linien und Beschriftungen vermitteln Klarheit, auch dort, wo sie nicht mehr der gebauten Realität entsprechen. Pläne sind Momentaufnahmen, häufig veraltet, angepasst oder nie vollständig umgesetzt. Zwischen Papier und Wirklichkeit liegen Kompromisse, Abweichungen und Veränderungen, die selten lückenlos dokumentiert wurden.

Prüfung bedeutet daher nicht, von Korrektheit auszugehen, sondern von Einordnung. Nicht um Fehler zu suchen, sondern um Wirklichkeit zu verstehen.

Ein häufiger Fehler liegt darin, ausschließlich auf das zu achten, was vorhanden ist. Mindestens ebenso aussagekräftig ist das, was fehlt. Unvollständige Akten, widersprüchliche Angaben oder nicht auffindbare Pläne sind keine Nebensächlichkeiten, sondern Hinweise darauf, dass Entscheidungen auf Annahmen beruhen müssen.

An diesem Punkt beginnt Verantwortung.

In vielen Situationen entsteht Zurückhaltung beim Nachfragen, nicht aus mangelndem Interesse, sondern aus dem Wunsch heraus, nicht unangenehm zu wirken oder den Prozess nicht zu belasten. Diese Zurückhaltung ist menschlich, aber sie schützt nicht. Nicht zu fragen verschiebt Risiken nicht, es verschiebt sie lediglich in die Zukunft.

Gleichzeitig ist ungeordnetes Nachfragen kein Ausdruck von Gründlichkeit. Wer im laufenden Prozess immer neue Punkte nachschiebt, ohne erkennbaren Zusammenhang, verliert Zeit, erzeugt Unsicherheit und untergräbt die eigene Position. Prüfung verlangt Struktur, nicht Aktivismus.

Souveränität entsteht dort, wo Fragen vorbereitet gestellt werden. Wenn Informationen gesammelt, eingeordnet und dann einmal gezielt angefragt werden, wirkt das nicht anstrengend, sondern klar. Es zeigt, dass jemand weiß, was relevant ist und warum.

Reaktionen der Gegenseite auf solche Anfragen sind dabei aufschlussreich. Unverständnis oder Verärgerung entstehen häufig nicht aus böser Absicht, sondern weil viele dieser Fragen zuvor nie gestellt wurden. Was lange funktioniert hat, musste nicht erklärt werden. Was nie geprüft wurde, wurde nicht dokumentiert. In anderen Fällen entsteht Widerstand, weil Informationen bewusst nicht vertieft werden sollen, um Abläufe nicht zu verkomplizieren. Auch das gehört zur Realität.

Beides ändert nichts an der Verantwortung, die mit einer Entscheidung verbunden ist.

Nicht jede verärgerte Reaktion ist ein Warnsignal, aber jede verärgerte Reaktion ist ein Hinweis darauf, dass Fragen gestellt wurden, die über den üblichen Ablauf hinausgehen. Genau dort beginnt ernsthafte Prüfung.

Sachliches, respektvolles und strukturiertes Nachfragen ist kein Angriff. Es ist die Übernahme von Verantwortung für eine Entscheidung, deren Konsequenzen nicht bei Dritten liegen, sondern bei demjenigen, der sie trifft.

Ein schlechtes Gewissen ist hier fehl am Platz. Nicht, weil Rücksichtslosigkeit angebracht wäre, sondern weil Klarheit nicht von Zustimmung abhängig ist.

Unterlagen liefern keine Sicherheit.
Sie liefern die Grundlage, auf der Sicherheit beurteilt werden kann.

Wer diese Grundlage ignoriert, entscheidet im Dunkeln.
Wer sie ernst nimmt, entscheidet mit offenen Augen, auch dann, wenn das bedeutet, einen Schritt zurückzutreten.

Prüfen heißt nicht, alles kontrollieren zu wollen.
Prüfen heißt anzuerkennen, dass nicht alles kontrollierbar ist, und dennoch Verantwortung zu übernehmen.

Genau darin liegt der Unterschied zwischen Hoffnung und Entscheidung.

Kapitel 12 – Gesetze, Politik & Regulierung

Immobilien sind immobil. Regeln nicht.

Eine Immobilie ist immobil. Sie steht da. Sie bewegt sich nicht. Gesetze, Vorgaben, politische Programme und regulatorische Ideen tun es sehr wohl. Sie verändern sich, verschieben sich, werden angepasst, verschärft, digitalisiert, neu bewertet.

Das ist der erste strukturelle Nachteil von Eigentum: Du kannst reagieren. Das Objekt nicht. Also reagierst du am Ende für beide. Und du zahlst auch für beide.

Politik spricht gern von Rahmenbedingungen. Das klingt neutral, technisch, fast harmlos. In der Realität sind es Eingriffe in Nutzung, Bewertung und Zukunftsfähigkeit von Eigentum. Manchmal sinnvoll. Manchmal schlecht gemacht. Und manchmal einfach Ideen, bei denen niemand gefragt hat, wie sie im Bestand wirken.

Das ist kein politisches Statement. Das ist die nüchterne Realität von Besitz.

Regulierung wirkt nicht theoretisch – sie wirkt im Alltag

Regeln sollen schützen. Oft schützen sie vor allem diejenigen, die sie schreiben, vor Verantwortung für die Folgen. Ein Teil der Regulierung ist sinnvoll. Ein Teil ist handwerklich schwach. Und ein Teil ist so weit von der Realität eines Bestandsgebäudes entfernt, dass man sich fragt, ob bei der Ausarbeitung jemals jemand durch einen echten Keller gegangen ist oder unter einem echten Dach stand.

Eigentümer spüren diese Regeln nicht in Talkshows. Sie spüren sie in Angeboten, Auflagen, Förderbedingungen, Bankgesprächen – und später in Rechnungen. Wer Eigentum besitzt, lebt nicht mit Theorie. Er lebt mit Umsetzung.

Warum Eigentümer immer zuerst betroffen sind

Regulierung trifft selten dort, wo neu gebaut wird. Neubauten entstehen bereits unter den aktuellen Vorgaben, sie werden geplant, kalkuliert und genehmigt innerhalb der geltenden Logik. Sie passen sich an, bevor sie überhaupt entstehen.

Der Bestand dagegen stammt aus einer anderen Zeit. Er wurde unter anderen technischen Standards errichtet, unter anderen politischen Zielsetzungen, unter anderen gesellschaftlichen Erwartungen. Er ist kein Fehler. Er ist ein Zeitzeugnis.

Genau hier entsteht Reibung.

Wenn neue Regeln formuliert werden, gelten sie nicht nur für das, was morgen gebaut wird. Sie wirken auf das, was gestern entstanden ist. Und dieses Gestern kann sich nicht neu erfinden. Es kann nur nachgerüstet, angepasst oder modernisiert werden.

Je älter ein Objekt ist, desto größer ist die Wahrscheinlichkeit, dass seine ursprüngliche Logik nicht mehr zur aktuellen politischen Zielrichtung passt. Nicht, weil es schlecht gebaut wurde. Sondern weil es aus einer Epoche stammt, die andere Prioritäten hatte.

Regulierung bewertet die Vergangenheit neu.

Und diese Neubewertung trägt nicht der Gesetzgeber. Sie trägt der Eigentümer mit Zeit und Geld.

Energieklassen – die neue Währung, weil Komplexität vereinfacht werden musste

Energieklassen sind nicht entstanden, weil der Markt danach gefragt hat. Sie sind entstanden, weil Politik eine Kennzahl brauchte, die komplizierte Zusammenhänge in ein Farbsystem presst. Und Banken haben das dankbar übernommen. Nicht, weil sie glauben, dass diese Zahl die Wahrheit ist. Sondern weil sie standardisiert, digital verfügbar und schnell auswertbar ist.

Ab diesem Moment passiert etwas Entscheidendes: Ein Objekt ist nicht mehr einfach gut oder schlecht. Es ist Klasse C oder Klasse F. Und Klasse F bedeutet künftig weniger Finanzierungsspielraum, weniger Käufer, mehr Rückfragen, mehr Auflagen und mehr Sanierungsdruck. Nicht, weil sich das Haus verändert hat. Sondern weil das System es neu bewertet.

Digitalisierung – Geschwindigkeit schlägt Diskussion

Digitalisierung klingt nach Komfort. In Wahrheit bedeutet sie vor allem eines: Geschwindigkeit. Daten liegen vor. Luftbilder. Gebäuderegister. Energiekennwerte. Bauakten. Förderhistorien. CO_2-Berechnungen. Alles ist verknüpft. Alles ist abrufbar. Alles ist vergleichbar.

Neue Gesetze müssen nicht mehr erklärt werden. Sie werden einfach abgeglichen. Plan versus Realität. Baujahr versus Standard. Energieklasse versus Förderfähigkeit. Algorithmus versus Beleihungswert.

Früher lebten viele Eigentümer von Grauzonen. Heute schrumpfen diese Zonen. Nicht aus Bosheit. Sondern aus Technik. Digitalisierung ist kein Angriff. Sie ist ein Systemupdate. Und du wurdest nicht gefragt, ob du es willst.

Politik setzt Impulse – der Markt schreibt die Rechnung

Das Heizungsgesetz ist ein gutes Beispiel für Systemmechanik. Die Idee war nicht zwingend falsch. Der Effekt war es. Sobald politischer Druck entsteht, reagiert der Markt. Preise steigen. Förderungen werden eingepreist. Kapazitäten verknappt.

Ergebnis: Technik kostet plötzlich das Drei- oder Vierfache dessen, was sie anderswo kostet – bei gleicher Leistung. Das ist kein moralisches Versagen. Das ist Marktdynamik unter Zwang. Der Staat sagt: Sanieren. Der Markt sagt: Gerne – aber teuer. Und der Eigentümer fragt sich später, warum er das nicht hat kommen sehen.

Warum Käufer und Eigentümer überrascht werden

Weil sie das Haus sehen – und nicht das System. Regeln kommen selten mit Sirene. Sie kommen leise: als neue Kennzahl, als neue Pflicht, als neue digitale Abfrage, als neue Banklogik.

Und irgendwann denkst du, dein Objekt sei das Problem. Dabei ist es nicht schlechter geworden. Es ist nur in ein neues Raster geraten.

Zukunft: Gesetze greifen schneller, nicht härter

Der entscheidende Punkt ist nicht, dass mehr reguliert wird. Sondern dass Regulierung schneller wirksam wird. Was heute beschlossen wird, kann morgen digital abgeglichen werden. Bestände werden nicht mehr einzeln geprüft, sondern systematisch bewertet.

Der Mensch denkt linear. Entwicklung tut das nicht mehr. Technik beschleunigt Prozesse schneller, als sich Alltag anpassen kann. Das ist keine Schwäche des Menschen. Das ist eine Systemrealität. Wer glaubt, er habe „noch Zeit", denkt in alten Zyklen. Diese Zyklen gibt es nicht mehr.

Orientierung statt Unterwerfung

Du musst das System nicht mögen. Aber du musst wissen, wie es funktioniert. Nicht jede Regel bleibt. Manche werden still korrigiert. Andere bleiben Jahrzehnte. Der Unterschied zwischen Überforderung und Souveränität liegt nicht im Widerstand. Sondern im Verständnis der Mechanik.

Klartext

Politik ist nicht dein Feind. Aber sie ist auch nicht dein Freund. Digitalisierung ist nicht schlecht. Aber sie nimmt dir die Grauzonen, auf denen viele lange sicher standen. Energieklassen sind nicht gerecht. Aber sie entscheiden, wie Banken, Käufer und Systeme über dein Objekt denken.

Und alles zusammen führt zu einer simplen Wahrheit: Eine Immobilie scheitert selten am Stein. Sie scheitert am Rahmen, den der Eigentümer nicht verstanden hat. Wer den Rahmen kennt, bleibt handlungsfähig. Wer ihn ignoriert, zahlt – oft überrascht, selten vorbereitet.

Eine Immobilie verändert nicht dein Leben.
Sie verändert deine Struktur.
Liquidität.
Zeit.
Entscheidungen.
Risiko.
Wer nur den Kauf bewertet,
versteht die Wirkung nicht

TEIL IV – Die finanzielle Realität

Kapitel 13 – Risikoprofil und Belastungsrealität

Warum nicht die Immobilie scheitert, sondern der Mensch unter Druck

Dieses Kapitel handelt nicht von Bauteilen, nicht von Instandhaltung und nicht von Technik, sondern von einem Punkt, der unsichtbarer ist und dennoch über Stabilität oder Scheitern entscheidet: der persönlichen Belastungsgrenze unter langfristiger Verantwortung.

Eine Immobilie wirkt ruhig. Sie steht. Sie schreit nicht. Sie fordert nichts sofort. Genau das macht sie trügerisch. Denn ihr Druck entsteht nicht in einem Moment, sondern über Zeit – und er wird erst spürbar, wenn mehrere Faktoren gleichzeitig wirken.

Es beginnt selten spektakulär. Eine Zahlung verschiebt sich. Eine Rücklage ist geringer als gedacht. Eine Entscheidung wird vertagt, weil sie unangenehm ist. Parallel dazu läuft das normale Leben weiter – berufliche Verpflichtungen, familiäre Themen, gesundheitliche Phasen, Zeitmangel. Nichts davon hat direkt mit dem Haus zu tun, und doch entscheidet genau diese Gleichzeitigkeit darüber, ob Eigentum stabil bleibt oder beginnt zu drücken.

Der Unterschied liegt nicht im Objekt.
Er liegt im Risikoprofil des Eigentümers.

Risikoprofil bedeutet nicht Mut. Es bedeutet nicht Optimismus. Und es bedeutet auch nicht, dass man Probleme fürchtet. Es beschreibt nüchtern, wie viel Unsicherheit, wie viel finanzielle Schwankung und wie viel organisatorische Verantwortung jemand dauerhaft tragen kann, ohne unter Druck schlechter zu entscheiden.

Viele Käufer kalkulieren mit Zahlen, aber nicht mit sich selbst. Sie prüfen Kaufpreis, Zinssatz, Tilgung und Nebenkosten, aber sie prüfen nicht ehrlich ihre eigene Belastbarkeit über zehn, fünfzehn oder zwanzig Jahre hinweg. Der Kaufmoment fühlt sich stark an, kontrolliert, durchgerechnet. Der Besitz hingegen ist kein Moment, sondern ein Zustand – und Zustände verändern sich mit Lebensphasen.

Nicht das Gebäude testet dich.
Der Alltag tut es.

Unter Druck werden Entscheidungen nicht irrational, sondern enger. Man verkauft nicht zwingend aus Panik, sondern weil Luft fehlt. Man verschiebt notwendige Maßnahmen, weil man hofft, dass es noch trägt. Man akzeptiert Bedingungen, die man früher abgelehnt hätte, weil der Handlungsspielraum geschrumpft ist.

Stress verändert nicht dein Wissen.
Er verändert deine Optionen.

Und wenn Optionen fehlen, wird selbst ein solides Objekt zur Belastung, nicht weil es schlecht ist, sondern weil der Spielraum fehlt, es ruhig zu tragen.

Hier entsteht der Kern des Risikoprofils: Habe ich ausreichend Liquidität, um zeitliche Verzögerungen zu überstehen? Habe ich strukturelle Reserven, um mehrere gleichzeitige Belastungen zu absorbieren? Habe ich die mentale Stabilität, unangenehme Entscheidungen früh zu treffen, statt sie aufzuschieben?

Rendite beantwortet keine dieser Fragen. Liquidität schon.

Rendite beruhigt, weil sie messbar ist. Liquidität schützt, weil sie Luft schafft. Die meisten Eigentumsprobleme entstehen nicht aus einer einzigen extremen Belastung, sondern aus der Gleichzeitigkeit mehrerer moderater Faktoren, die sich gegenseitig verstärken. Wer nur optimiert, rechnet knapp. Wer vorsorgt, plant mit Abstand.

Ein solides Risikoprofil bedeutet daher nicht, dass nichts passiert. Es bedeutet, dass man handlungsfähig bleibt, wenn etwas passiert. Handlungsfähigkeit ist kein Gefühl, sondern die Konsequenz aus Vorbereitung, Abstand und Ehrlichkeit gegenüber den eigenen Grenzen.

Eigentum verstärkt alles, was bereits da ist. Wer strukturiert ist, wird strukturierter. Wer verdrängt, wird länger verdrängen. Wer knapp kalkuliert, wird knapper reagieren. Das Haus verändert deinen Charakter nicht – es legt ihn frei.

Und genau deshalb scheitern Immobilien selten an Substanz.
Sie scheitern an Menschen, die ihre eigene Belastungsrealität falsch eingeschätzt haben.

Nicht jede Belastung ist ein Risiko.
Aber jedes Risiko wird zur Belastung, wenn man unvorbereitet ist.

Wer Eigentum langfristig trägt, trägt nicht nur ein Objekt, sondern sich selbst unter veränderten Umständen. Wer das versteht, plant mit Abstand. Wer es ignoriert, plant mit Hoffnung.

Und Hoffnung ist keine Strategie.

Kapitel 14 – Zeit, Abnutzung und Verantwortung

Warum nichts an einem Haus „einfach so hält" – und warum Zeit, Pflege, Lernen oder Delegieren immer Teil des Preises sind

Ein Haus altert. Nicht plötzlich, nicht dramatisch und selten in einer Weise, die sofort Aufmerksamkeit erzwingt, sondern leise, kontinuierlich und vollkommen unabhängig davon, ob man hinsieht oder nicht. Materialien verlieren mit den Jahren ihre Elastizität, technische Komponenten arbeiten sich schrittweise müde, Dichtungen härten aus, Holz reagiert auf Feuchtigkeit und Temperaturschwankungen, Metalle korrodieren, Kunststoffe verspröden und Oberflächen büßen allmählich ihre Schutzwirkung ein. All das geschieht nicht aus Nachlässigkeit oder schlechter Bauqualität, sondern aus physikalischer Konsequenz. Zeit ist kein Ereignis, sondern ein Prozess, und dieser Prozess wirkt auf jedes Detail.

Nichts an einem Gebäude ist für die Ewigkeit konzipiert, selbst dann nicht, wenn es massiv erscheint, hochwertig verarbeitet wurde oder beim Erwerb einen gepflegten Eindruck hinterlässt. Substanz bedeutet Widerstand gegen Zeit, nicht Immunität. Auch das solide Haus unterliegt denselben Gesetzmäßigkeiten wie jedes andere – nur langsamer oder besser verteilt.

Der entscheidende Unterschied entsteht daher nicht primär durch Baujahr, Marke oder damalige Qualität, sondern durch den Umgang mit dieser schleichenden Veränderung. Häuser, die über Jahrzehnte stabil funktionieren, tun das nicht, weil sie „unverwüstlich" gebaut wurden, sondern weil sich regelmäßig jemand mit ihnen beschäftigt hat. Nicht übertrieben, nicht perfektionistisch, sondern konsequent.

Pflege ist im Eigentum kein Zusatz und kein optionales Hobby, sondern Normalität. Sie ist kein Sonderfall, sondern der Grundzustand verantwortlichen Besitzes.

Wer regelmäßig prüft, wartet, reinigt, kleine Auffälligkeiten ernst nimmt und notwendige Arbeiten nicht auf unbestimmte Zeit verschiebt, verhindert große Schäden nicht dauerhaft, aber er verschiebt sie, verteilt sie und behält Übersicht. Wer das nicht tut, spart weder Arbeit noch Geld, sondern verlagert beides in die Zukunft – und diese Zukunft kommt selten gelegen.

Arbeit, die heute nicht erledigt wird, verschwindet nicht. Sie sammelt sich. Und wenn sie zurückkehrt, dann nicht isoliert und günstig, sondern gebündelt, teurer und meist in Phasen, in denen Zeit, Geld oder mentale Energie ohnehin knapp sind. Genau hier wird sichtbar, dass Eigentum kein statischer Zustand ist, sondern ein dynamisches Verhältnis zwischen Mensch und Substanz.

Ein Haus altert weiter, während das Leben parallel ebenfalls in Bewegung bleibt. Berufliche Veränderungen, familiäre Verpflichtungen, gesundheitliche Phasen, wirtschaftliche Schwankungen – all das läuft zeitgleich. Eigentum existiert nicht isoliert von der Biografie seines Besitzers. Es verstärkt sie.

Das Gebäude kennt keine Ausreden. Es funktioniert nicht stabiler, nur weil andere Themen gerade wichtiger erscheinen. Verschleiß pausiert nicht, weil der Kalender voll ist oder Prioritäten sich verschieben. Wartung wird nicht günstiger, weil man sie mental verdrängt.

Deshalb ist Eigentum kein Ziel, das man erreicht, sondern ein Prozess, den man begleitet. Nicht jeden Tag sichtbar, aber jeden Tag wirksam. Man lebt nicht neben einem Haus, man lebt mit einem Haus – und dieses Mit bedeutet Aufmerksamkeit.

An diesem Punkt taucht eine Frage auf, die häufig unterschätzt wird und doch grundlegender ist als Kaufpreis, Zins oder Quadratmeter: Bin ich bereit, mich dauerhaft zu kümmern? Nicht theoretisch, nicht „wenn es nötig ist", sondern real, im Alltag, über Jahre hinweg.

Kann ich einfache Dinge selbst erledigen oder bin ich bereit, sie zu lernen? Habe ich Zeit, Aufmerksamkeit und die strukturelle Disziplin, mich regelmäßig mit meinem Objekt zu befassen? Oder möchte ich Verantwortung delegieren und akzeptiere, dass Delegation ihren Preis hat?

Beides ist legitim. Beides kann funktionieren. Doch keines von beiden ist kostenlos. Wer selbst übernimmt, investiert Zeit, Energie und Verantwortung. Wer delegiert, investiert Geld – und die Zeit anderer wird mit jedem Jahr wertvoller. Was nicht existiert, ist Eigentum ohne Einsatz.

Viele unterschätzen beim Kauf nicht nur die finanziellen Anforderungen, sondern die langfristige innere Bereitschaft zur Auseinandersetzung. Der

Erwerb fühlt sich abgeschlossen an, fast wie ein erreichter Meilenstein. Die Verantwortung beginnt jedoch erst danach.

Zeit wirkt dabei nicht linear, sondern kumulativ. Kleine Versäumnisse bleiben zunächst unsichtbar. Nicht gewartete Details entwickeln sich langsam zu größeren Maßnahmen. Nicht beachtete Hinweise werden zu strukturellen Themen. Und irgendwann entsteht der Eindruck, ein Objekt sei „problematisch", obwohl es lediglich konsequent gealtert ist.

Das Haus ist in diesem Sinne kein Gegner. Es ist ein Spiegel. Es zeigt, wie regelmäßig man prüft, wie früh man reagiert, wie konsequent man begleitet. Es legt offen, ob man Verantwortung als kurzfristige Entscheidung verstanden hat oder als langfristige Haltung.

Die eigentliche Frage lautet daher nicht, ob man sich ein Haus leisten kann. Die eigentliche Frage lautet, ob man bereit ist, die dauerhafte Verantwortung zu tragen – mit dem Leben, das man tatsächlich führt, nicht mit dem Leben, das man sich im Moment des Kaufs vorgestellt hat.

Wer diese Frage ehrlich beantwortet, wird keine perfekten Entscheidungen treffen. Perfektion ist im Eigentum Illusion. Doch er wird tragfähige Entscheidungen treffen – Entscheidungen, die nicht auf Optimismus, sondern auf realistischer Einschätzung beruhen.

Und Tragfähigkeit ist im Eigentum wertvoller als Begeisterung.

Kapitel 15 – Wann du ein Objekt besser NICHT kaufst

Es gibt Situationen, da ist ein Kauf keine Entscheidung mehr, sondern ein Risiko, das man sich selbst schönredet. Nicht kompliziert. Nicht philosophisch. Sondern klar.

Du kaufst nicht, wenn Rechte fehlen oder nicht klärbar sind

Wenn Wegerechte, Leitungsrechte, Wohnrechte oder sonstige Belastungen nicht vor oder spätestens im Zuge der Kaufvertragsabwicklung eindeutig geklärt werden können, kaufst du nicht. Nicht später. Nicht „wird schon". Nicht „hat bisher auch funktioniert".

Was rechtlich fehlt, fällt spätestens bei Finanzierung, Umschuldung oder Verkauf auf. Und dann bist du der Eigentümer, der erklären muss, warum etwas nicht geregelt ist, das von Anfang an hätte geklärt sein müssen.

Du kaufst nicht, wenn Unterlagen widersprüchlich oder fehlerhaft sind

Wenn Bauakte, Grundbuch, Grundrisse und Realität nicht zusammenpassen und niemand erklären kann, warum – kaufst du nicht. Nicht, weil es automatisch schlimm ist. Sondern weil Unklarheit kein Zustand ist, den man übernimmt.
Ein sauberer Kauf kennt Abweichungen. Aber sie sind erklärbar, dokumentiert und einforderbar. Alles andere ist Hoffnung.

Du kaufst nicht, wenn unklar ist, was genehmigt ist

Wenn Räume genutzt werden, aber nicht genehmigt sind. Wenn Anbauten existieren, aber nicht nachvollziehbar freigegeben wurden. Wenn Nutzungen „schon immer so waren", aber nirgends stehen.

Dann kaufst du kein Haus. Du kaufst Diskussionen – mit Behörden, Versicherungen und Banken.

Du kaufst nicht, wenn die Wohnfläche nicht belastbar ist

Wenn die Wohnfläche nicht sauber berechnet ist, keinen nachvollziehbaren Rechenweg hat, nicht zur Realität passt und trotzdem vollständig im Preis steckt, dann ist das kein Detail. Dann ist das der Preis.

Wohnfläche ist Bewertung. Wohnfläche ist Miete. Wohnfläche ist Finanzierung. Eine Zahl, die du nicht verstehst, kaufst du nicht mit.

Du kaufst nicht, wenn zu viele Punkte offen bleiben

Ein offener Punkt ist normal. Mehrere offene Punkte sind ein Muster.

Wenn du nach der Prüfung denkst:
„Das klärt sich später."
„Das ist sicher nicht so wild."
„Das hat bisher keinen gestört."

Dann bist du nicht gründlich. Dann bist du optimistisch. Optimismus ist kein Kaufkriterium.

Klartext

Nicht jedes Objekt ist ein Kauf. Und Nicht-Kaufen ist keine Schwäche.

Wenn Rechte fehlen. Wenn Unterlagen nicht tragen. Wenn Genehmigungen unklar sind. Wenn Flächen nicht stimmen. Dann steigst du aus. Nicht laut. Nicht emotional. Sondern ruhig.

Im Minenfeld überlebt nicht der Mutige. Sondern der, der rechtzeitig stehen bleibt.

Solange nichts unterschrieben ist,
ist alles offen.
Mit der Unterschrift
wird es deine Sache

TEIL V – Der Kaufprozess ohne Täuschung

Kapitel 16 – Der Verkäufer, das System – und du

Wer wofür verantwortlich ist. Und wer am Ende trägt

Ein Immobilienkauf ist kein Duell. Aber er ist auch kein Teamspiel. Er ist ein Zusammenspiel aus Rollen, Interessen und klaren Grenzen. Und wer diese Rollen nicht sauber trennt, erwartet Sicherheit von Stellen, die sie nie versprochen haben.

Viele Käufer hoffen, dass irgendwo im Prozess jemand sitzt, der den Überblick behält. Der alles weiß. Der alles prüft. Der rechtzeitig warnt. Diese Erwartung ist verständlich. Aber sie ist gefährlich. Nicht, weil alle Beteiligten schlecht arbeiten. Sondern weil jeder im System nur das verantwortet, wofür er zuständig ist – und nichts darüber hinaus.

Der Verkäufer – er verkauft seinen Ist-Zustand

Der Verkäufer verkauft das Objekt so, wie es ihm bekannt ist. Mit den Unterlagen, Informationen und Erinnerungen, die er hat. Er verkauft keine Zukunft. Keine Garantie. Keine Nutzungsidee.

Was er weiß, muss er offenlegen. Was er nicht weiß, kann er nicht erklären. Und vieles wusste jahrzehntelang niemand, weil es keine Rolle gespielt hat. Nicht aus Täuschung. Nicht aus Absicht. Sondern weil ein Haus kein Produkt aus dem Regal ist, sondern ein gewachsener Zustand. Das ist kein Trick. Das ist Realität.

Das System – es prüft selektiv

Im Kaufprozess gibt es viele Beteiligte: Notar, Bank, Behörden, manchmal ein Makler. Alle prüfen. Aber selten prüft einer alles.

Der Notar prüft die rechtliche Abwicklung. Die Bank prüft ihre Sicherheit. Behörden prüfen ihre Zuständigkeiten. Es gibt Makler und Berater, die hier gute Arbeit leisten. Die mitdenken, nachfragen, erklären und Verantwortung nicht nur formal, sondern inhaltlich verstehen. Die ihr Geld verdienen, weil sie Mehrwert schaffen – nicht, weil sie Prozesse beschleunigen.

Das Problem ist nicht, dass es sie nicht gibt. Das Problem ist, dass sie selten sind. Und dass man vor dem Kauf nicht erkennen kann, wer zu dieser Gruppe gehört – und wer nicht.

Darum gilt: Es gibt keine Garantie, dass jemand anderes für dich denkt. Das System ist kein Schutzschild. Es ist der Rahmen, in dem deine Entscheidung stattfindet.

Und du? Du bist die einzige Konstante

Du bist die einzige Person, die alle Folgen trägt – unabhängig davon, wer beteiligt war. Du wohnst dort. Du zahlst. Du vermietest. Du sanierst. Du erklärst es später dem nächsten Käufer oder der Bank.

Darum ist deine Rolle nicht emotional. Sie ist strukturell. Du musst nicht alles wissen. Aber du musst wissen, was du nicht weißt.

Warum dieses Buch keine Sicherheit verspricht

Es gibt keinen Immobilienkauf mit 100 % Klarheit. Nicht heute. Nicht früher. Und nicht in einem Markt, der überwiegend aus Bestand besteht.

Wer auf vollständige Sicherheit wartet, kauft nicht. Nicht aus Klugheit, sondern aus Perfektionsanspruch. Ziel ist nicht Vollständigkeit. Ziel ist Übersicht.

Wenn du die Punkte aus diesem Buch prüfst, hast du mehr Klarheit als die meisten Käufer jemals erreichen. Nicht perfekt. Aber belastbar. Es ist Arbeit. Aber mit Wissen, Erfahrung und den heutigen Möglichkeiten ist sie machbar.

Der wichtigste Unterschied

Viele kaufen, weil sie hoffen, dass nichts kommt. Andere kaufen, weil sie verstanden haben, was kommen kann – und was nicht. Der erste Typ ist abhängig vom Glück. Der zweite vom Überblick.

Klartext

Ein Immobilienkauf ist kein Beweis dafür, dass du alles im Griff hast. Er ist ein Beweis dafür, dass du genug verstanden hast, um Verantwortung zu übernehmen.

Du kaufst nicht, wenn alles geklärt ist. Du kaufst, wenn genug klar ist. Einen gewissen Mut zur Lücke braucht man immer im Leben. Aber diese Lücke sollte bewusst klein gehalten werden. Und genau dafür liest du dieses Buch.

Kapitel 17 – Der Notartermin

Der Punkt, an dem aus Absicht Bindung wird.

Der Notartermin ist kein Meilenstein. Er ist kein Ziel. Und er ist schon gar kein Abschluss. Er ist der Moment, ab dem es kein Zurück mehr auf Zuruf gibt.

Bis hierhin konntest du prüfen, fragen, rechnen, zögern. Ab hier wird unterschrieben. Und mit der Unterschrift beginnt ein Prozess, der nicht mehr emotional gesteuert wird, sondern juristisch.

Der Notar verkauft dir nichts. Er überzeugt dich nicht. Er trifft keine Entscheidung für dich. Er macht deine Entscheidung verbindlich.

Was der Notar ist – und was nicht

Der Notar ist neutral. Nicht auf deiner Seite. Nicht auf der Seite des Verkäufers. Neutral heißt: Er sorgt dafür, dass der Vertrag rechtlich wirksam ist und formal korrekt abgewickelt wird.

Neutral heißt nicht, dass er prüft, ob der Kauf für dich sinnvoll ist. Neutral heißt nicht, dass er Risiken bewertet oder Entscheidungen abnimmt. Der Notar schützt die Ordnung. Nicht dich. Das ist kein Mangel. Das ist seine Rolle.

Offene Punkte klären – vor dem Unterschrifttermin

Was viele nicht wissen: Du kannst – und du darfst – und du solltest bereits vor dem eigentlichen Beurkundungstermin einen Gesprächstermin beim Notar vereinbaren.

Dort können offene Punkte besprochen werden: Formulierungen. Abläufe. Konsequenzen. Nicht zur Verhandlung. Sondern zum Verstehen. Das ist sinnvoll. Nicht, weil etwas „falsch“ sein muss – sondern weil Klarheit vor Bindung gehört.

Ein guter Notar erklärt. Er drängt nicht. Und er hat kein Interesse daran, dass du mit einem schlechten Gefühl unterschreibst.

Zusätzliche Prüfung – ohne Misstrauen

Wer zusätzlich sicher gehen will, kann den Kaufvertragsentwurf durch einen anderen Notar prüfen lassen. Der Vorteil dabei: Dieser Notar ist nicht neutral, sondern darf parteiisch sein – für dich.

Das ist kein Ausdruck von Misstrauen gegenüber dem beurkundenden Notar. Es ist ein zusätzlicher Blick aus einer anderen Rolle. Der eine sorgt für Ordnung im System. Der andere hilft dir, deine Position im Vertrag zu verstehen und gegebenenfalls abzusichern. Beides widerspricht sich nicht. Es ergänzt sich.

Der Kaufvertragsentwurf – hier entscheidet sich alles

Der eigentliche Vertrag entsteht vor dem Termin. Nicht im Termin. Der Entwurf basiert auf den Angaben des Verkäufers, den gelieferten Unterlagen, den vereinbarten Eckdaten, dem Kaufpreis, dem geplanten Besitz- und Zahlungszeitpunkt und besonderen Absprachen.

Was dort nicht steht, existiert später nicht. Der Notartermin ist kein Workshop. Keine Korrekturschleife. Keine Diskussionsrunde. Was im Entwurf unklar ist, bleibt es oft auch im Termin.

Darum gilt: Änderungswünsche gehören vor den Termin. Schriftlich. Begründet. In Ruhe. Der Notar klärt diese Punkte vorab mit der anderen Partei. Denn auch sie muss den Änderungen zustimmen – oder eben nicht.

Und genau dieses „oder nicht“ will man nicht unter Zeitdruck, im Termin, mit Unterschriftbereitschaft klären. Der Vertrag sollte inhaltlich stehen, bevor du im Notarbüro sitzt. Nicht perfekt. Aber verstanden.

Was der Notar für Vertrag und Abwicklung benötigt

Damit der Vertrag erstellt und später abgewickelt werden kann, benötigt der Notar von allen Beteiligten: Ausweiskopie (Personalausweis oder Reisepass – gültig), vollständige Personalien, Steuer-Identifikationsnummern, Grundbuchangaben zum Objekt, Kaufpreis, geplanten Besitz- und Zahlungszeitpunkt sowie besondere Vereinbarungen.

Zu Beginn des Notartermins werden die Originalausweise vorgelegt, kopiert und dokumentiert. Ohne gültigen Ausweis keine Beurkundung. Das ist keine Förmelei. Das ist Identitätsprüfung.

Nach der Unterschrift beginnt erst die Arbeit

Mit der Unterschrift ist der Vertrag geschlossen. Aber Eigentümer bist du noch nicht. Erst jetzt beginnt die Arbeit des Notars: Eintragung der Auflassungsvormerkung, Einholung von Löschungsunterlagen, Klärung bestehender Grundschulden, Anfrage bei Gläubigern, Einholung des kommunalen Vorkaufsrechts und Meldung an das Finanzamt.

Du selbst musst in dieser Phase nichts aktiv tun – außer später zahlen. Der Notar koordiniert alles.

Klartext

Der Notar macht nichts kompliziert. Er macht es verbindlich. Er nimmt dir keine Entscheidung ab. Er sorgt nur dafür, dass sie wirkt.

Der Notartermin ist nicht der Moment, in dem du Klarheit bekommst. Es ist der Moment, in dem du sie brauchst.

Kapitel 18 - Die Kaufpreiszahlung

Der unsichtbare Teil, der alles entscheidet

Nach der Unterschrift ist nichts erledigt. Im Gegenteil. Erst jetzt beginnt der Teil des Kaufprozesses, der darüber entscheidet, ob aus einem Vertrag tatsächlich Eigentum wird.

Die Kaufpreiszahlung ist kein einfacher Geldtransfer. Sie ist ein rechtlich geführter Ablauf, der sicherstellt, dass du am Ende Eigentümer wirst – und nicht die Risiken anderer übernimmst.

Wann der Kaufpreis überhaupt fällig wird

Der Kaufpreis wird nicht sofort gezahlt. Und auch nicht, weil jemand drängt, fragt oder „bereit ist". Nach der Beurkundung beginnt die Arbeit des Notars.

Ab diesem Moment musst du als Käufer zunächst nichts aktiv tun – außer warten. Der Notar klärt alle rechtlichen Voraussetzungen, die erfüllt sein müssen, damit Eigentum überhaupt übertragen werden darf.

Dazu gehören in der Regel die Eintragung der Auflassungsvormerkung im Grundbuch, die Klärung und Vorbereitung bestehender Grundschulden, Rückmeldungen der Gläubiger des Verkäufers, die Prüfung und Verzichtserklärung zum kommunalen Vorkaufsrecht sowie die Sicherstellung einer lastenfreien Eigentumsübertragung.

Erst wenn diese Punkte erledigt und rechtlich abgesichert sind, stellt der Notar die Fälligkeitsmitteilung aus. Diese Mitteilung bedeutet nur eines: Jetzt darf gezahlt werden. Nicht früher.

Was die Fälligkeitsmitteilung wirklich aussagt

Mit der Fälligkeitsmitteilung erklärt der Notar, dass alle rechtlichen Hindernisse geklärt sind, alle Sicherungen gesetzt wurden und der Eigentumsübergang vorbereitet ist. Es fehlt nur noch der Kaufpreis.

Die Fälligkeitsmitteilung ist kein Hinweis und keine Empfehlung. Sie ist die formale Freigabe zur Zahlung. Wer vorher zahlt, zahlt auf eigenes Risiko.

Wohin das Geld wirklich fließt

Ein weit verbreiteter Irrtum: Der Verkäufer bekommt den gesamten Kaufpreis. Das stimmt in der Praxis fast nie.

Hat der Verkäufer noch laufende Kredite, werden diese direkt aus dem Kaufpreis bedient. Der Ablauf ist klar geregelt. Der Notar fragt bei allen im Grundbuch eingetragenen Gläubigern an. Die Gläubiger teilen mit, welche Beträge zur Ablösung notwendig sind. Sie erteilen dem Notar einen Treuhandauftrag.

Nach Zahlung des Kaufpreises werden zuerst die Gläubiger bedient, der Notar veranlasst die Löschung der Grundschulden, und der Verkäufer erhält nur den verbleibenden Restbetrag.

So wird sichergestellt, dass du die Immobilie lastenfrei übernimmst. Nicht durch Vertrauen. Sondern durch Struktur.

Finanzierung & Grundschuld – zwei Prozesse, die oft verwechselt werden

Ein häufiger Denkfehler beim Immobilienkauf: Viele glauben, die Grundschuld habe etwas mit der Kaufpreisfälligkeit zu tun. Das hat sie nicht.

Die Fälligkeitsmitteilung hängt nicht von der Grundschuld ab. Die Grundschuld ist keine Voraussetzung für die Kaufpreisfälligkeit. Sie ist eine Voraussetzung für die Auszahlung der Bank.

Kauft der Käufer mit Fremdkapital, verlangt die finanzierende Bank eine Sicherheit. Diese Sicherheit ist die Grundschuld, die im Grundbuch in Abteilung III eingetragen wird.

Der Ablauf ist eindeutig getrennt. Der Kaufvertrag wird beurkundet. Die Bank stellt die Grundschuldbestellungsurkunde. Diese Urkunde wird notariell beurkundet. Die Grundschuld wird im Grundbuch eingetragen. Die Bank erhält den Nachweis ihrer Sicherheit. Erst danach zahlt die Bank den Kaufpreis aus.

Das ist keine Verhandlungssache. Das ist Banklogik. Der Notar koordiniert auch diesen Schritt. Der Käufer muss nichts erklären und nichts verhandeln.

Zwei Prozesse laufen parallel: der notarielle Kaufprozess und der bankseitige Sicherungsprozess. Sie treffen sich erst beim Geld. Wer das nicht versteht, wundert sich später, warum „alles erledigt" ist – und trotzdem nichts fließt.

Warum Bargeld vollständig ausgeschlossen ist

Ein Punkt ohne Ausnahmen: Beim Immobilienkauf darf keine einzige Zahlung in bar erfolgen. Nicht teilweise. Nicht als Anzahlung. Nicht „inoffiziell".

Das Geldwäschegesetz ist eindeutig. Der gesamte Kaufpreis muss ausschließlich per Banküberweisung gezahlt werden. Der Zahlungsweg ist vollständig nachvollziehbar – vom Konto des Käufers über die Überweisung gemäß Fälligkeitsmitteilung bis zur Dokumentation über Kontoauszug oder Zahlungsnachweis.

Der Notar verlangt diesen Nachweis. Das ist keine Vorsicht. Das ist Pflicht.

Grunderwerbsteuer – ohne sie kein Eigentum

Parallel meldet der Notar den Kauf automatisch an das Finanzamt. Das Finanzamt erstellt daraufhin den Bescheid über die Grunderwerbsteuer.

Erst nach vollständiger Zahlung dieser Steuer stellt das Finanzamt die Unbedenklichkeitsbescheinigung aus und sendet sie direkt an den Notar. Ohne diese Bescheinigung ist keine Eigentumsumschreibung möglich.

Erst wenn der Kaufpreis gezahlt ist, der Verkäufer den Geldeingang bestätigt hat und die Grunderwerbsteuer bezahlt wurde, kann der Käufer endgültig als Eigentümer im Grundbuch eingetragen werden.

Vorkaufsrecht der Gemeinde – kurz und sachlich

Das gesetzliche Vorkaufsrecht der Kommune ist Standard. Es dient dazu, bei langfristigen Infrastrukturmaßnahmen eingreifen zu können. In der Praxis wird es fast nie ausgeübt. In über zwanzig Jahren Praxis ist mir kein Fall begegnet, in dem dieses Recht tatsächlich gezogen wurde.

Klartext

Die Kaufpreiszahlung ist kein Akt des Vertrauens. Sie ist ein abgesicherter Ablauf. Der Notar sorgt dafür, dass niemand vorzeitig Geld bekommt und niemand Eigentum übernimmt, das noch belastet ist.

Du zahlst erst, wenn alles vorbereitet ist. Und wenn du zahlst, ist der Weg ins Grundbuch frei.

Eigentum entsteht nicht mit Hoffnung. Es entsteht mit Struktur.

Kapitel 19 – Übergabe, Protokolle & die ersten 100 Tage

Der Moment, an dem Eigentum praktisch wird

Die Übergabe ist kein Ereignis. Sie ist ein formaler Übergang. Der Verkäufer gibt ab. Du übernimmst. Nicht emotional. Nicht symbolisch. Sondern praktisch.

Bis hierhin war Eigentum Papier, Verträge und Abläufe. Ab jetzt ist es Alltag, Verantwortung und Realität.

Wie eine Übergabe wirklich abläuft

Die Übergabe erfolgt in der Regel erst nach vollständiger Kaufpreiszahlung. Alles davor ist Vorbereitung. Alles danach ist Besitz.

Man trifft sich vor Ort, geht ein letztes Mal gemeinsam durch die Immobilie und gleicht ab, ob sich seit der letzten Besichtigung etwas verändert hat. Ob neue Beschädigungen entstanden sind. Ob etwas entfernt wurde, das bleiben sollte. Ob der Zustand dem entspricht, was zuletzt bekannt war.

Das ist keine Suche nach Fehlern. Es ist ein Abgleich.

Danach werden die Schlüssel übergeben und die Unterlagen, die zu einer Immobilie gehören. Bedienungsanleitungen. Wartungs- und Prüfungsnachweise. Letzte Handwerkerrechnungen. Unterlagen zu kürzlich ausgeführten Arbeiten. Im Idealfall Versicherungsunterlagen. Ansprechpartner wie Schornsteinfeger oder Wartungsfirmen.
Diese Dinge sind keine Formalität. Sie sparen dir später Zeit, Geld und Nerven. Nicht alles ist zwingend vorhanden. Aber je sauberer die Übergabe, desto weniger beginnt dein Eigentum mit Rätselraten.

Zum Schluss wird protokolliert. Nicht ausführlich. Nicht juristisch aufgeladen. Sondern als sachlicher Startpunkt: „So wurde übergeben." Damit später niemand diskutieren muss, wie es einmal war.

Dann ist die Übergabe erledigt.

Was „gekauft wie gesehen" wirklich bedeutet

Dieser Satz klingt schärfer, als er ist. Er bedeutet nicht, dass du alles schlucken musst. Er bedeutet nur: Alles, was bei der Besichtigung sichtbar war, gehört zum Zustand des Kaufs.

Darum geht es bei der Übergabe nicht darum, alte Themen neu aufzumachen. Es geht darum festzustellen, ob sich seitdem etwas neu verändert hat. Keine Dramatik. Keine juristische Falle. Nur Klarheit über den Übergabepunkt.

Die ersten 100 Tage – das Kennenlernen beginnt

Die ersten Wochen im eigenen Objekt sind selten spektakulär. Sie sind kein Test. Kein Beweis. Kein Urteil. Sie sind der Übergang vom Besichtigen zum Benutzen.

Wie bei einem ersten Date, bei dem man erst im Alltag merkt, wie jemand wirklich tickt. Eine Immobilie funktioniert genauso.

Du lernst Dinge kennen, die man nicht im Exposé liest. Ein Fenster, das schwergängiger ist. Ein Raum, der anders reagiert als gedacht. Ein Ventil, das Geräusche macht. Stellen, an denen nachjustiert werden muss.

Das sind keine Probleme. Keine Mängelliste. Das sind Eigenheiten.

Ein Haus zeigt sich nicht beim Notar. Und nicht in der Anzeige. Es zeigt sich im Alltag. Und du wächst hinein.

Klartext

Die Übergabe ist kein Kontrollkampf. Sie ist ein sauberer Schnitt zwischen zwei Zuständen. Die ersten 100 Tage sind kein Testlauf. Sie sind Orientierung.

Eigentum heißt nicht, permanent zu prüfen. Eigentum heißt, zu verstehen, ab wann etwas wirklich dein Alltag ist.

Eine Eigentumswohnung ist kein Objekt.
Sie ist ein Regelwerk.
Mehrheit schlägt Meinung.
Gemeinschaft schlägt Individualität.
Und Beschlüsse schlagen Emotion

TEIL VI – Eigentumswohnung
Die Regeln eines eigenen Spiels

Kapitel 20 – Die Teilungserklärung

Dein Gesetzbuch deiner Wohnung, was dir gehört – und was nicht

Eine Eigentumswohnung wirkt auf den ersten Blick einfach. Ein Grundriss. Eine Wohnfläche. Ein Kaufpreis. Fertig.

In Wahrheit kaufst du keine Wohnung. Du kaufst ein Regelwerk. Ein rechtliches Konstrukt aus Rechten, Pflichten, Anteilen und Zuständigkeiten, die nicht diskutiert werden, wenn sie einmal gelten.

Dieses Regelwerk heißt: Teilungserklärung. Nicht sinnbildlich. Wörtlich.

Was dort steht, ist bindend. Nicht das Exposé. Nicht das Verkaufsgespräch. Nicht das, was „immer schon so gemacht wurde".

Was die Teilungserklärung wirklich regelt

Die Teilungserklärung beantwortet keine Wohlfühlfragen. Sie beantwortet Zuständigkeitsfragen.

Sie regelt, was Sondereigentum ist, was Gemeinschaftseigentum ist, welche Flächen wie zugeordnet sind, wie hoch dein Miteigentumsanteil ist, wie Stimmrechte verteilt werden, welche Sondernutzungsrechte existieren und welche Pflichten automatisch mitgekauft werden.

Das ist kein Hintergrundwissen. Das ist die Statik deiner Entscheidung.

Sondereigentum – enger gefasst, als viele denken

Sondereigentum umfasst in der Regel die Innenräume der Wohnung. Nicht mehr. Nicht weniger.

Alles, was tragend ist, alles, was das Gebäude versorgt, alles, was das äußere Erscheinungsbild betrifft, ist fast immer Gemeinschaftseigentum – selbst dann, wenn es sich „wie dein Bereich" anfühlt.

Typische Irrtümer sind Fenster, die privat wirken, es aber oft nicht sind. Balkone, die zugehörig erscheinen, aber konstruktiv Gemeinschaft sind. Leitungen, die durch deine Wohnung verlaufen, dir aber nicht gehören.

Die Teilungserklärung legt das fest. Nicht das Bauchgefühl.

Gemeinschaftseigentum – zahlen ohne Wahlrecht

Gemeinschaftseigentum bedeutet nicht Mitbestimmung nach Bedarf. Es bedeutet Kostenbeteiligung nach Anteil.

Dach, Fassade, Heizung, Leitungen, Aufzug, Treppenhaus, Außenanlagen. Du zahlst anteilig mit. Unabhängig davon, ob du es nutzt, willst oder brauchst.

Die Teilungserklärung legt fest, wie hoch dein Anteil ist. Und dieser Anteil ist die Grundlage für laufende Kosten, Rücklagen, Sonderumlagen und – je nach Regelung – dein Stimmgewicht.

Sondernutzungsrechte – Nutzung ohne Eigentum

Gärten, Stellplätze, Terrassen oder Dachflächen wirken oft wie Eigentum. Rechtlich sind sie es nicht.

Sondernutzungsrechte erlauben Nutzung – aber keine freie Verfügung. Sie hängen an der Gemeinschaft und an den Regeln der Teilungserklärung.

Wichtig ist: Sie sind kein Eigentum. Sie können eingeschränkt sein. Sie können verändert oder neu geregelt werden. Sie geben kein automatisches Entscheidungsrecht.

Wer Sondernutzungsrechte kauft, ohne die genaue Regelung zu lesen, kauft Erwartungen – keine Rechte.

Stimmrechte – nicht abstrakt, sondern berechenbar

Stimmrechte sind keine Theorie. Sie sind Mathematik.

Die Teilungserklärung legt fest, ob nach Kopfprinzip, nach Miteigentumsanteilen oder nach Objekten abgestimmt wird.

Das entscheidet, wie viel Einfluss du hast, ob Großeigentümer dominieren können und ob kleine Eigentümer regelmäßig überstimmt werden.

Viele Konflikte entstehen nicht, weil Beschlüsse unfair sind, sondern weil Käufer nicht wussten, welche Stimmmechanik sie gekauft haben.

Wege, Flächen, Zuordnungen – lesen, nicht vermuten

Die Teilungserklärung regelt auch, wie Flächen zueinander gehören: Zugänge, Durchgänge, Zuordnungen und Grenzen zwischen Sonder- und Gemeinschaftseigentum.

Ein Stellplatz kann dir gehören, der Weg dorthin aber nicht. Ein Garten kann dir zugeordnet sein, die Umzäunung aber der Gemeinschaft.

Das sind keine Details. Das ist Alltag.

Änderungen, Nachträge und der Blick ins Grundbuch

Die Teilungserklärung ist im Grundbuch verankert. Auch Änderungen, Ergänzungen oder Nachträge sind dort zumindest ersichtlich.

Für den tatsächlichen Rechtsstand reicht oft nicht die ursprüngliche Teilungserklärung allein. Man benötigt die ursprüngliche Teilungserklärung, alle Nachträge und alle Änderungsvereinbarungen.

Erst diese Gesamtheit zeigt, welche Regeln heute wirklich gelten.

Warum viele Käufer hier scheitern

Nicht, weil die Teilungserklärung kompliziert ist. Sondern weil sie nicht gelesen wird.

Viele verlassen sich auf Aussagen, Gewohnheiten oder das, was „bisher so war“.

Das Problem: Recht interessiert sich nicht für Gewohnheit. Wenn ein Konflikt entsteht, zählt nur ein Dokument. Und das ist immer die Teilungserklärung.

Klartext

Die Teilungserklärung ist kein Begleitpapier. Sie ist das Regelwerk deiner Wohnung.

Sie sagt dir, was du darfst, was du zahlst, wo du entscheiden kannst – und wo nicht.

Eine Wohnung kaufst du in Minuten. Die Teilungserklärung kaufst du für Jahrzehnte.

Wer sie liest, kauft informiert. Wer sie versteht, kauft Ruhe. Wer sie ignoriert, kauft Konflikte, die von Anfang an feststanden.

Kapitel 21 – Der Aufteilungsplan

Die Landkarte zu deinem Gesetzbuch

Eine Eigentumswohnung wird nicht von Eindrücken bestimmt. Sie wird von Dokumenten bestimmt. Zwei davon sind entscheidend: die Teilungserklärung und der Aufteilungsplan.

Die Teilungserklärung regelt, was gilt. Der Aufteilungsplan zeigt, wo es gilt. Ohne Teilungserklärung ist der Aufteilungsplan nur eine Zeichnung. Ohne Aufteilungsplan bleibt die Teilungserklärung abstrakt. Erst zusammen entsteht das System, das du tatsächlich kaufst.

Der Aufteilungsplan zeigt nicht Räume – er zeigt Eigentum

Der Aufteilungsplan ist kein Grundriss für Wohnideen. Er ist keine Einladung zur Gestaltung. Er ist eine rechtliche Darstellung.

Er zeigt Grenzen, Flächen, Zuordnungen, Zugänge, Wege, Sondernutzungsrechte und Gemeinschaftsbereiche.

Der Plan interessiert sich nicht für Atmosphäre. Nicht für Möblierung. Nicht für Helligkeit oder Gefühl. Er interessiert sich ausschließlich für eine Frage: Wem gehört was – und wem nicht.

Viele Käufer glauben, sie kaufen die Wohnung, die sie besichtigen. In Wahrheit kaufen sie die Wohnung, wie sie im Aufteilungsplan existiert.

Sondereigentum ist exakt definiert – nicht gefühlt

Sondereigentum entsteht nicht durch Nutzung. Nicht durch Gewohnheit. Nicht durch Selbstverständlichkeit. Es entsteht durch Markierung im Plan.

Der Aufteilungsplan legt fest, welche Flächen Sondereigentum sind, wo dieses Sondereigentum endet und welche Bauteile nicht dazugehören.

Gefühl zählt nicht. Markierung zählt.

Ein Raum kann sich privat anfühlen und trotzdem rechtlich nicht dir gehören. Ein Bereich kann selbstverständlich genutzt werden und trotzdem jederzeit zum Thema werden. Der Plan entscheidet. Immer.

Balkone, Fenster, Terrassen – hier trennt sich Nutzung von Eigentum

Der Aufteilungsplan zeigt nüchtern, was viele erst spät verstehen:

Balkone: Nutzung oft zugeordnet, Konstruktion gemeinschaftlich.
Fenster: fast immer Gemeinschaftseigentum.
Terrassen: häufig Sondernutzungsrecht, kein Eigentum.
Gärten: Nutzung ja, Verfügung nein.

Der Plan spricht nicht von „deins". Er spricht von „zulässig".
Und das ist der Unterschied zwischen:
„Ich dachte, das gehört mir."
und
„Ich wusste, was ich kaufe."

Wege, Zugänge und Erreichbarkeit – die stille Geografie

Ein Punkt, den viele unterschätzen: Du besitzt nicht, wo du gehst. Du besitzt nur, was dir gehört.

Der Aufteilungsplan regelt, wie du dein Sondereigentum erreichst, welche Wege du nutzen darfst, welche Flächen Gemeinschaftseigentum bleiben und wo deine Rechte enden.

Ein Stellplatz kann dir gehören – der Weg dorthin aber nicht. Ein Keller kann dir zugeordnet sein – der Flur davor nicht.

In einer WEG besitzt du nicht nur Räume. Du besitzt Bewegungsrechte. Und diese Rechte sind klar begrenzt.

Wenn Plan und Realität nicht übereinstimmen

Umbauten, Ausbauten, Verschiebungen, Nutzungsänderungen – vieles entsteht im Alltag, ohne dass der Plan angepasst wird.

Der Aufteilungsplan zeigt, was gilt. Die Realität zeigt, was passiert ist. Beides muss zusammenpassen.

Ist der Plan unklar oder fehlerhaft, ist dein Eigentum rechtlich unklar. Ist die Realität anders als der Plan, wird das spätestens relevant beim Verkauf, bei der Finanzierung, bei einer Umschuldung oder bei Streit innerhalb der Gemeinschaft.

Nicht jede Abweichung ist ein Drama. Aber jede Abweichung ist ein Thema.

Der eigentliche Zweck des Aufteilungsplans

Der Aufteilungsplan ist kein Kontrollinstrument. Er ist eine Absicherung. Er soll dir ermöglichen, so nah wie möglich an Klarheit heranzukommen.

Niemand kauft mit vollständiger Gewissheit. Aber wer den Aufteilungsplan ignoriert, verzichtet freiwillig auf einen der wichtigsten Prüfsteine.

Klartext

Der Aufteilungsplan ist nicht nur ein Grundriss. Er ist die rechtliche Projektion deiner Wohnung und dessen, was tatsächlich dazugehört.

Er entscheidet, was du wirklich kaufst, welche Flächen dir gehören, welche du nur nutzen darfst und wo deine Grenzen liegen.

Wer den Plan liest, kauft Realität. Wer ihn versteht, kauft Ruhe.

Kapitel 22 – Stimmrechte & Machtstrukturen in der WEG

Was wirklich entscheidet, wenn Geld im Raum steht

In einer Eigentümergemeinschaft entscheidet nicht die Meinung. Und auch nicht, wer am überzeugendsten spricht. Es entscheidet das System, das du mitgekauft hast.

Das ist keine Kritik. Das ist Mechanik.

Eine WEG ist kein soziales Experiment. Sie ist ein rechtlich fixiertes Entscheidungsmodell, das immer dann sichtbar wird, wenn Interessen auseinanderlaufen. Und das tun sie spätestens, wenn Geld im Raum steht.

Die Eigentümerversammlung ist kein Gespräch

Viele Käufer stellen sich Eigentümerversammlungen als Austausch vor. Argumente, Diskussion, Annäherung, Einigung.

Die Realität ist nüchterner.

Eine Versammlung folgt einem formalen Ablauf: Tagesordnung, Anträge, Abstimmung, Beschluss.

Was nicht beantragt ist, existiert nicht. Was keine Mehrheit bekommt, passiert nicht. Unabhängig davon, wie sinnvoll es wäre.

Die Versammlung ist kein Dialograum. Sie ist ein Beschlussraum. Wer hier redet, ohne die Mehrheiten zu kennen, redet ins Leere.

Geld legt jede Struktur offen

Solange es um Kleinigkeiten geht, funktioniert vieles erstaunlich gut. Sobald es um Geld geht, zeigt sich die Struktur der Gemeinschaft.

Typische Bruchpunkte sind Sonderumlagen, größere Sanierungen, energetische Maßnahmen, Aufzug, Dach, Fassade sowie der Aufbau oder die Erhöhung von Rücklagen.

An diesen Punkten wird sichtbar, wer kann, wer blockiert, wer verzögert, wer Druck aufbaut und wer Mehrheiten organisiert.

Nicht Charaktere entscheiden. Nicht Sympathie. Nicht Lautstärke. Finanzielle Realität entscheidet.

Mehrheit heißt nicht Fairness

Je nach Stimmrechtsmodell entscheidet, wer die meisten Anteile hält, wer mehrere Einheiten besitzt, wer regelmäßig anwesend ist oder wer Stimmen bündeln kann.

Viele Eigentümer fühlen sich übergangen. In Wahrheit erleben sie nur, wie das gekaufte System funktioniert.

Mitbestimmen heißt nicht, gehört werden. Mitbestimmen heißt, mitstimmen im Rahmen deines Gewichts – nicht im Rahmen deiner Erwartung.

Macht verschiebt sich nicht durch Argumente

Argumente verändern selten Mehrheiten. Besitzverhältnisse schon.

Ein Investor kauft dazu. Ein Eigentümer verkauft. Ein neuer Eigentümer hat andere Ziele. Die Struktur kippt.

Nicht laut. Nicht emotional. Sondern rechnerisch.

Deshalb verändern sich WEGs nicht durch Diskussionen, sondern durch Eigentümerwechsel. Wer das nicht versteht, wartet auf Einsicht – wo eigentlich nur Mathematik wirkt.

Warum Konflikte kein Fehler sind

Konflikte entstehen nicht immer, weil Menschen schwierig sind. Sie entstehen, weil Interessen kollidieren.

Eigennutzer versus Kapitalanleger. Kurzfristige Entlastung versus langfristige Substanz. „Reicht noch“ versus „muss gemacht werden“.

Diese Konflikte sind kein Defekt. Sie sind Teil des Systems.

Eine konfliktfreie WEG ist keine gesunde WEG. Sie ist oft nur eine, in der Entscheidungen aufgeschoben werden.

Klartext

Eine WEG ist kein harmonisches Kollektiv. Sie ist eine Zweckgemeinschaft mit Regeln.

Wer hier kauft, sollte nicht fragen: „Werden die mich verstehen?“ Sondern: Wie sind die Mehrheiten verteilt? Wie konfliktfähig ist die Gemeinschaft? Wie entscheidungsfähig ist sie wirklich? Wie wird mit Geld umgegangen?

Nicht jede WEG ist problematisch. Aber jede folgt Mechaniken. Wer sie kennt, kalkuliert realistisch. Wer sie ignoriert, kämpft Kämpfe, die er nie hätte beginnen sollen.

Kapitel 23 – Kosten, Rücklagen & Beschlusslage

Die Finanzseite einer WEG – und warum sie wichtiger ist als jede frisch gestrichene Wand

Viele Käufer schauen auf Quadratmeter. Wenige schauen auf Zahlen. Und noch weniger verstehen, dass in einer WEG Zahlen wichtiger sind als Räume.

Eine Wohnung kann schön sein. Eine WEG kann gesund sein. Nur eines davon entscheidet darüber, ob du später ruhig schläfst.

Rücklagen – kein Sparbuch, sondern Frühwarnsystem

Rücklagen sind nicht dafür da, irgendwann „etwas Schönes" zu machen. Sie sind dafür da, Kosten abzufedern, die sicher kommen.

Ein Dach hält nicht ewig. Eine Fassade auch nicht. Leitungen schon gar nicht.

Darum sagt die reine Höhe der Rücklagen wenig aus. Entscheidend ist immer der Kontext: Zustand des Gebäudes, letzte Modernisierungen oder Sanierungen, Alter der wesentlichen Bauteile, energetischer Stand, bereits geplante Maßnahmen und die Entscheidungsfähigkeit der Gemeinschaft.

Eine niedrige Rücklage ist kein Drama. Eine niedrige Rücklage in einem alten, sanierungsreifen Gebäude ist es.

Und wichtig: Rücklagen sind in jeder WEG unterschiedlich hoch – und das ist nicht automatisch schlecht. Ich habe oft erlebt, dass ältere Eigentümer nicht mehr bereit waren, für Maßnahmen anzusparen, von denen sie selbst nicht mehr ausgehen, sie noch zu erleben. Das ist menschlich. Aber es verändert die Realität für neue Käufer.

Wenig Rücklagen können bedeuten: bewusste Zurückhaltung, fehlende Einsicht in kommende Kosten, bereits absehbare Erhöhungen oder Sonderumlagen – oder auch, dass in den letzten Jahren größere Gewerke bereits erledigt wurden. Rücklagen zeigen nicht nur Zahlen. Sie zeigen die Haltung einer Gemeinschaft zur Zukunft.

Das wahre Risiko: Sonderumlagen

Sonderumlagen sind die Kosten, mit denen niemand rechnet – aber jeder zahlen muss.

Sie entstehen, wenn Rücklagen nicht ausreichen, Maßnahmen zu lange aufgeschoben wurden, Schäden plötzlich auftreten, Gerichtsverfahren geführt werden, technische Anlagen ausfallen oder gesetzliche Anforderungen Geld kosten.

Eine Sonderumlage kann überschaubar sein. Oder existenziell.

Und entscheidend ist: Sie passt sich nicht deinem Leben an. Die WEG beschließt. Du trägst. Nicht, weil es unfair ist. Sondern weil du Teil des Systems bist.

Hausgeld – mehr als eine monatliche Zahl

Viele sehen nur die Summe. Aber das Hausgeld ist ein Spiegel der Organisation.

Es zeigt, wie verwaltet wird, wie Verträge laufen, ob geplant oder nur reagiert wird, ob Kosten strukturiert entstehen oder einfach passieren.

Ein niedriges Hausgeld kann Ordnung bedeuten. Oder Verdrängung. Manche Gemeinschaften halten Kosten bewusst niedrig. Andere schieben notwendige Ausgaben vor sich her.

Beides sieht im Exposé gleich aus. Die Rechnung kommt später.

Beschlusslage – das Gedächtnis der Gemeinschaft

Protokolle sind keine Formalität. Sie zeigen, wie eine WEG denkt und handelt.

Du erkennst, ob Entscheidungen getroffen oder regelmäßig vertagt werden, ob Investitionen geplant oder blockiert werden, ob Verantwortung übernommen oder weitergereicht wird.

Ein Satz wie „Wird auf nächstes Jahr verschoben“ kann vieles bedeuten. Manchmal heißt er: „Wir klären das in Ruhe.“ Oft heißt er: „Das will hier niemand bezahlen.“ Und manchmal heißt er: „Das explodiert später.“

Warum Zahlen ehrlicher sind als jedes Gespräch

Ein Verkäufer kann erzählen. Eine Wohnung kann glänzen. Fotos können täuschen. Zahlen nicht.

Rücklagen, Protokolle, Kostenverläufe, Beschlüsse und Verträge zeigen dir mehr Wahrheit als jedes persönliche Gespräch.

Eine Wohnung ist schnell renoviert. Eine WEG-Struktur nicht.

Die stille Realität hinter jeder Eigentumswohnung

Du kaufst keine Wohnung. Du kaufst einen Anteil an einem Gebäudezustand und an einer Entscheidungsstruktur.

Manche Gebäude sind gepflegt. Andere sind nur überdeckt. Manche Gemeinschaften handeln. Andere hoffen. Manche Rücklagen schützen. Andere beruhigen – bis zur ersten großen Rechnung.

Klartext

Du kaufst nicht nur Steine. Du kaufst Strukturen.

Rücklagen zeigen Reife. Kosten zeigen Kultur. Beschlüsse zeigen Macht. Protokolle zeigen Richtung.

Wer die Zahlen liest, kauft Stabilität. Wer sie ignoriert, kauft Überraschungen – bezahlt in Raten.

Kapitel 24 – Gemeinschaft, Verwalter & Realität

Die Menschen hinter dem System – und warum sie über Erfolg oder ärger entscheiden

Teilungserklärung, Aufteilungsplan und Kostenstruktur legen fest, was man darf und was wen was kostet. Aber sie erklären nicht, wie es sich anfühlt, Eigentümer zu sein. Das entscheidet sich woanders. Bei Menschen.

Eine funktionierende Gemeinschaft kann technische Schwächen tragen. Eine dysfunktionale Gemeinschaft macht selbst gute Immobilien schwer. Darum ist die entscheidende Frage nicht: Wie ist die Wohnung? Sondern: Wie funktioniert dieses System aus Menschen, Entscheidungen und Macht?

Die Gemeinschaft – kein Verein, sondern ein Zwangsverbund

Eine WEG ist kein freiwilliger Zusammenschluss. Niemand tritt bei, weil er Lust auf Gemeinschaft hat. Man landet darin – durch Kauf.

Unterschiedliche Eigentümer bringen unterschiedliche Einkommen, Lebensphasen, Ziele, Belastungsgrenzen und Bereitschaft mit, Geld in die Hand zu nehmen. Konflikte entstehen hier nicht, weil Menschen schwierig sind. Sie entstehen, weil Interessen auseinanderlaufen.

Ein Haus kann äußerlich gepflegt wirken und intern seit Jahren blockiert sein, weil wenige dominieren und viele resigniert haben.

Der Verwalter – Funktion, nicht Persönlichkeit

Ein guter Verwalter ist kein Unterhalter. Er ist kein Kümmerer. Und er ist kein Freund der Eigentümer. Er ist ein Systemhalter.

Ein funktionierender Verwalter sorgt für saubere Abrechnungen, klare Protokolle, vorbereitete Entscheidungen, realistische Rücklagen, verlässliche Kommunikation und Struktur im Alltag.

Ein schwacher Verwalter reagiert spät oder gar nicht, verwaltet Papier statt Probleme, lässt Konflikte laufen, verschiebt Entscheidungen und erzeugt Stillstand.

Viele WEGs scheitern nicht an Streit. Sie scheitern an fehlender Führung.

Konflikte sind kein Charakterproblem – sondern Struktur

In jeder WEG treffen Gegensätze aufeinander: Eigennutzer vs. Kapitalanleger, sparen vs. sanieren, heute entlasten vs. morgen sichern, können vs. wollen.

Das ist keine Bosheit. Das ist Mechanik. Wer glaubt, Konflikte ließen sich durch gute Argumente lösen, verkennt das System. Entscheidend ist nicht, wer recht hat. Entscheidend ist, wer Mehrheiten organisiert.

Wie du eine instabile Gemeinschaft erkennst

Drei Signale sind zuverlässiger als jedes Gespräch.

Erstens: Protokolle ohne Fortschritt. Immer dieselben Themen. Immer neue Vertagungen. Keine Entscheidungen mit Substanz.

Zweitens: Optisch gepflegt – technisch verschleppt. Fassade okay. Heizung alt. Dach unklar. Rücklagen dünn.

Drittens: Lagerdenken. Alt gegen neu. Eigennutzer gegen Anleger. Einzelne gegen Mehrheit.

WEGs kippen selten plötzlich. Sie kippen langsam.

Warum der Verwalter das Scharnier ist

Der Verwalter entscheidet nicht über Inhalte, aber über Abläufe. Er kann Spannungen entschärfen, Entscheidungen vorbereiten, Prozesse ordnen und Eskalation verhindern. Oder er kann alles laufen lassen.

Ein guter Verwalter ersetzt keine Gemeinschaft. Aber er verhindert, dass Konflikte das Gebäude lähmen.

Die wichtigste Frage vor dem Kauf

Nicht: Sind die Leute nett? Sondern: Treffen sie Entscheidungen? Können sie Kosten tragen? Setzen sie Beschlüsse um? Denken sie langfristig?

Nicht jede schwache Gemeinschaft ist ein Kaufhindernis. Aber jede Gemeinschaft hat Konsequenzen. Eine gute trägt. Eine schlechte zieht alles runter – auch dich.

Klartext

Eine Eigentumswohnung ist kein Einzelobjekt. Sie ist Teil eines sozialen Systems.

Der Verwalter hält die Struktur. Die Gemeinschaft trägt die Last. Beschlüsse bestimmen die Richtung.

Wer die Menschen ignoriert, kauft Konflikte. Wer den Verwalter ignoriert, kauft Stillstand. Wer die Dynamik ignoriert, kauft eine Wohnung – und ein System, das stärker ist als er.

Eigentum endet nicht an der Wohnungstür. Es beginnt dort, wo gemeinsam entschieden wird.

TEIL VII – Immobilien als Kapitalanlage: Ein zusätzliches Spielfeld

Kapitel 25 – Kapitalanlage erweitert die Prüfung

Warum Grundbuch, Rechte, Genehmigungen und Bestand weiterhin entscheiden

Bis hierher ging es nicht um Rendite, nicht um Steuern und nicht um Optimierung. Es ging um die Grundlagen einer Immobilie. Also um das, was rechtlich erlaubt ist, baulich vorhanden ist und tatsächlich genutzt werden darf. Unabhängig davon, wie attraktiv ein Angebot formuliert ist oder wie überzeugend eine Rechnung auf den ersten Blick erscheint.

Diese Grundlagen verändern sich nicht, nur weil eine Immobilie vermietet wird oder als Kapitalanlage gedacht ist. Sie werden nicht weicher. Nicht verhandelbarer. Und auch nicht dadurch relativiert, dass wirtschaftliche Erwartungen an sie geknüpft werden.

Im Gegenteil: Mit der Kapitalanlage steigt der Druck auf genau diese Punkte. Jede Abweichung, jede Unklarheit und jedes Defizit wirkt sich unmittelbar aus. Nichts lässt sich mehr aussitzen oder vertagen. Es schlägt direkt wirtschaftlich durch.

Was bei Eigennutzung noch akzeptiert, kompensiert oder pragmatisch umgangen wird, wirkt bei Vermietung sofort. Nicht emotional und nicht irgendwann. Sondern rechnerisch. Auf Ertrag, Liquidität und Handlungsfähigkeit.

Ob sich eine Immobilie rechnet, ist deshalb keine Einstiegsfrage. Es ist immer eine Folgefrage. Zuerst muss geklärt sein, ob die Nutzung rechtlich möglich ist. Ob der Bestand belastbar ist. Ob die Struktur trägt. Erst dann ergeben wirtschaftliche Überlegungen überhaupt Sinn.

Grundbuchliche Eintragungen, Wegerechte, Leitungsrechte, Baulasten, Genehmigungen, reale Flächen sowie Abweichungen zwischen Papier und Wirklichkeit sind keine formalen Prüfpunkte. Sie definieren die Grenze dessen, was wirtschaftlich möglich ist. Unabhängig davon, wie optimistisch eine Kalkulation formuliert wird.

Eine Kapitalanlage hebt diese Grenzen nicht auf. Sie macht ihre Wirkung nur sichtbarer. Eine Immobilie hat nur dann den zugeschriebenen Wert, wenn das Angebotene auch rechtlich gesichert und tatsächlich vorhanden ist.

Fehlende Genehmigungen, unklare Nutzungsrechte oder falsche Flächenangaben beeinflussen nicht nur die Nutzung. Sie wirken direkt auf den

Marktwert. Spätestens beim Verkauf werden sie relevant – ob geplant oder nur als Option gedacht.

Ist die tatsächliche Wohnfläche kleiner als angegeben, reduziert das nicht nur die erzielbare Miete. Es verschiebt auch die Einordnung im Markt. Der Faktor verändert sich. Und damit auch der Preis, den ein späterer Käufer bereit ist zu zahlen. Selbst wenn Zustand und Lage zunächst passen.

Hinzu kommt der bauliche Zustand. Alter, Bauweise und bisherige Instandhaltung zeigen mit hoher Wahrscheinlichkeit, welche Investitionen anstehen. Ein Renovierungs- oder Sanierungsstau ist kein theoretisches Risiko. Es sind aufgeschobene Kosten. Sie kommen. Unabhängig davon, ob sie in die ursprüngliche Kalkulation gepasst haben.

Was heute noch funktioniert, kann morgen investitionspflichtig werden. Je länger notwendige Maßnahmen hinausgeschoben werden, desto größer wird der Eingriff. Finanziell wie organisatorisch.

Solche Effekte bleiben selten auf ein einzelnes Objekt beschränkt. Eine schwach laufende oder falsch eingeschätzte Kapitalanlage bindet Kapital, Liquidität und Aufmerksamkeit. Sie bremst nicht nur sich selbst. Oft auch weiteres Vorankommen. Manchmal vollständig.

Fehlt der laufende Ertrag, entsteht kein Puffer. Fehlt der Puffer, sinkt die Handlungsfähigkeit. Entscheidungen werden defensiv getroffen. Nicht aus Strategie. Sondern aus Zwang.

In diesem Zustand ist eine Immobilie kein stiller Mitläufer mehr. Sie wird zum Klotz am Bein. Sie nimmt Tempo heraus. Verlangsamt Entscheidungen. Und macht jedes weitere Vorankommen spürbar schwerer.

Zusätzlich hat die energetische Einstufung bei Kapitalanlagen an Gewicht gewonnen. Nicht aus technischer Notwendigkeit. Sondern als Folge politischer Entscheidungen, die den Wohnungsmarkt und private Eigentümer regulieren.

Diese Entwicklung ist kein natürlicher Markteffekt und kein Ergebnis freiwilliger Nachfrage. Sie ist Ausdruck eines Eingriffs, der Rahmenbedingungen verändert hat. Unabhängig davon, wie einzelne Eigentümer das bewerten. Für den Vermieter zählt nicht das Motiv. Sondern die Wirkung.

Der Energieausweis ist dabei nicht das Thema. Er ist das Instrument.

Die ausgewiesene Energieklasse entfaltet wirtschaftliche Konsequenzen. Sie beeinflusst die Vermietbarkeit. Begrenzt Mietspielräume. Und kann Investitionen erzwingen, die weder geplant noch aus dem laufenden Ertrag finanzierbar sind.

Damit wird Kapital nicht eingesetzt, um Entwicklung zu ermöglichen. Sondern um regulatorische Anforderungen zu erfüllen. Nicht zur Renditesteigerung. Sondern zur Vermeidung von Nachteilen.

Was heute noch funktioniert, kann durch veränderte Vorgaben unter Druck geraten. Ohne dass sich am Objekt selbst etwas geändert hat. Die Immobilie bleibt dieselbe. Die Spielregeln nicht.

Für Kapitalanlagen ist das kein theoretisches Risiko. Es ist strukturelle Realität. Politische Eingriffe verschieben Wirtschaftlichkeit. Verengen Handlungsspielräume. Und binden Kapital an Stellen, an denen es ursprünglich nicht arbeiten sollte.

Wer das ignoriert, unterschätzt nicht den Markt. Er unterschätzt die Macht von Rahmenbedingungen außerhalb seines Einflusses. Und trotzdem bestimmen sie seine Rechnung.

Bei Eigentumswohnungen kommen weitere Strukturen hinzu: Teilungserklärung, Beschlusslage, Rücklagen, Verwaltung. Sie begrenzen den Handlungsspielraum unabhängig davon, was wirtschaftlich sinnvoll oder strategisch wünschenswert wäre.

Ob sich eine Kapitalanlage rechnet, ändert daran nichts.

In der Praxis wird dieser Zusammenhang regelmäßig verharmlost. Cashflow, steuerliche Effekte und Verwaltung werden als einfache Lösungen verkauft. Dabei sind sie nur Ergebnisse. Ergebnisse von Annahmen, die oft zu glatt gerechnet, pauschal unterstellt oder unvollständig sind.

Kosten werden geschätzt, weil genaue Zahlen unbequem wären. Risiken werden ausgeblendet, weil sie das Geschäft erschweren. Verantwortung wird an Begriffe delegiert, die mehr versprechen, als sie halten.

Wer hier einfach vertraut, weil er ein Ziel hat – Zukunft sichern, Vermögen aufbauen, dem Hamsterrad entkommen – erreicht oft das Gegenteil. Nicht, weil Immobilien nicht funktionieren. Sondern weil Vertrauen Denken ersetzt. Hoffnung verdrängt Prüfung. Wunschbilder treten an die Stelle von Realität.

Hier trennt sich Kalkulation von Wirklichkeit. Hier trennt sich Wunschdenken vom Tragfähigen.

Immobilien verzeihen kein blindes Folgen. Keine Abkürzungen. Keine ausgelagerten Entscheidungen.

Wer glaubt, man könne Verantwortung sparen, weil Zahlen gut aussehen, jemand Sicherheit verspricht oder ein Konzept bequem erklärt wird, baut kein Vermögen auf. Sondern Abhängigkeit. Und Abhängigkeit ist das Gegenteil von Freiheit. Auch wenn sie anfangs gut klingt.

Immobilien funktionieren. Aber nur mit eigenem Wissen, eigener Verantwortung und eigener Lernkurve. Kein Investor ist über Abkürzungen dorthin gekommen, wo er heute steht. Und wer behauptet, sein Weg lasse sich bequem als Coaching nachbauen, verkauft keine Erfahrung. Sondern die Illusion davon.

Mit diesem Blick beginnt der nächste Abschnitt.

Kapitel 26 – Unterschiedliche Motivationsgründe für eine Kapitalanlage

Warum sie unterschiedliche Maßstäbe erfordern

Immobilien werden aus unterschiedlichen Gründen gekauft. Daran ist zunächst nichts falsch. Zwischen Eigennutzung und Kapitalanlage liegen jedoch grundlegend verschiedene Erwartungen, Zielsetzungen und Maßstäbe.

Während bei der Eigennutzung persönliche Bedürfnisse, Lebenssituation und subjektives Empfinden eine zentrale Rolle spielen, verschiebt sich der Fokus bei der Kapitalanlage. Hier zählen wirtschaftliche Tragfähigkeit, Struktur und Wirkung über Zeit.

Problematisch wird es dort, wo bei Kapitalanlagen die Gründe nicht klar voneinander getrennt werden. Wo sie unausgesprochen nebeneinander bestehen bleiben. Und sich gegenseitig widersprechen, ohne dass dem Käufer diese Spannung bewusst ist.

Denn auch innerhalb der Kapitalanlage existieren unterschiedliche Motivlagen. Jede erzeugt ihren eigenen Bewertungsmaßstab. Jede verschiebt den Blick darauf, was als sinnvoll, tragfähig oder attraktiv erscheint. Und was unter einem anderen Maßstab zur Belastung werden kann. Nicht weil sich die Immobilie verändert, sondern weil sich die Erwartungen verschoben haben.

Im Kern lassen sich die meisten Entscheidungen für eine Kapitalanlage auf mehrere dominante Beweggründe zurückführen. Nicht als starre Kategorien, sondern als Prioritäten. Sie bestimmen, welche Eigenschaften als Stärke wahrgenommen werden. Und welche unter denselben Voraussetzungen zur Schwäche werden können.

Stabilität und Werterhalt – der Vermögenssicherer

Manche Käufer suchen vor allem eines: Bestand. Nicht Wachstum. Nicht Dynamik. Und nicht maximale Rendite. Sondern Verlässlichkeit über Zeit. Getragen von der Erwartung, dass eine Immobilie ihren Wert hält, ohne permanenten Eingriff zu erfordern oder ständig neu gedacht werden zu müssen.

In der Regel handelt es sich um Investoren, die bereits über Vermögen verfügen. Sie setzen Kapital ein, das sie nicht für ihr laufendes Geschäft benötigen. Es wird bewusst aus dem operativen Zugriff herausgelöst und als langfristiger Wertspeicher geparkt.

Dieses Kapital soll nicht beschleunigen oder skalieren. Es soll ruhig liegen. Stabil bleiben. Seine Funktion erfüllen, ohne Aufmerksamkeit zu binden oder Entscheidungen zu erzwingen, die vom Kerngeschäft ablenken.

Eine moderate Wertsteigerung wird durchaus einkalkuliert. Sie ist jedoch nicht der primäre Beweggrund der Investition. Sondern ein begleitender Effekt, der willkommen ist, aber nicht zwingend eintreten muss, damit die Entscheidung als tragfähig gilt.

Entsprechend hoch sind die Anforderungen an das Objekt selbst. Für den Vermögenssicherer ist entscheidend, dass die Immobilie rechtlich sauber, baulich ordnungsgemäß und strukturell abgeschlossen ist. Es darf kein absehbarer Handlungsbedarf entstehen, der Kapital, Zeit oder Aufmerksamkeit beansprucht.

Die Immobilie muss funktionieren. Nicht entwickelt werden. Sie muss sich leicht verwalten lassen, ohne dass laufend eingegriffen, nachjustiert oder reagiert werden muss. Denn genau diese Eingriffe widersprechen dem eigentlichen Ziel: Ruhe, Planbarkeit und Stabilität.

In diesem Verständnis zählen vor allem Lagen, die auch ohne besonderen Rückenwind funktionieren. Bauliche Substanz, die keine fortlaufende Aufmerksamkeit bindet. Strukturen, die ruhig bleiben, selbst wenn sich äußere Rahmenbedingungen verändern oder Marktphasen drehen.

Rendite spielt in diesem Modell eine untergeordnete Rolle. Entscheidend ist, dass die Immobilie trägt. Ohne laufende Optimierung. Ohne ständige strategische Neubewertung. Und dass sie ihren Zweck auch dann erfüllt, wenn Erwartungen bewusst niedrig gehalten werden.

Der Maßstab ist defensiv. Nicht aus Angst, sondern aus Prioritätensetzung. Fehlervermeidung wiegt schwerer als Optimierung. Stabilität schlägt Fantasie.

Akzeptabel sind ein moderater Ertrag, begrenzter Handlungsspielraum und überschaubare Komplexität. Vorausgesetzt, die Struktur bleibt verlässlich und erzeugt keine zusätzlichen Risiken.

Störend wirken aggressive Kalkulationen. Hohe Abhängigkeiten von Entwicklung. Konstruktionen, die nur funktionieren, wenn alle Annahmen dauerhaft eintreten.

Der Vermögenssicherer sucht keine Beschleunigung.
Er sucht Tragfähigkeit.

Vermögensaufbau und Hebel

Andere Käufer verfolgen ein anderes Ziel als bloßen Bestand oder laufende Entlastung. Sie suchen nicht primär Ruhe, sondern Bewegung. Nicht zwingend sofort, aber über Zeit.

Im Mittelpunkt steht nicht die Frage, ob eine Immobilie heute vollständig trägt. Sondern ob sie sich entwickeln lässt. Ob sie veränderbar ist. Und ob sich durch Eingriffe, Entscheidungen und Kapitalallokation ein anderer Zustand herstellen lässt als der, der beim Kauf vorliegt.

Hier geht es um Vermögensaufbau im eigentlichen Sinn. Nicht um das Parken vorhandenen Kapitals. Sondern um dessen bewussten Einsatz, um Wachstum zu ermöglichen.

Fremdkapital ist kein notwendiges Übel. Es ist Teil des Konzepts. Liquidität wird nicht geschont, sondern gezielt eingesetzt. Zeitweise belastet und bewusst in Kauf genommen, weil sie als Werkzeug verstanden wird und nicht als Komfortzone.

Der Maßstab verschiebt sich damit grundlegend. Nicht alles muss heute funktionieren. Aber es muss perspektivisch tragfähig sein. Nicht jede Zahl muss im ersten Jahr stimmen. Aber die Struktur muss Entwicklung zulassen.

Risiken werden nicht ausgeblendet. Sie werden einkalkuliert. Nicht aus Leichtsinn, sondern weil sie integraler Bestandteil des Ansatzes sind.

Vermögensaufbau über Immobilien bedeutet in vielen Fällen Projektarbeit. Renovierung. Sanierung. Strukturelle Veränderung. Verbunden mit einem konkreten Plan, wie eine Immobilie positiv beeinflusst werden kann.

Beispielsweise durch die Aufteilung einer größeren Einheit in mehrere kleinere Wohnungen, wenn der Markt für kleinere Einheiten höhere Nachfrage und bessere Quadratmeterpreise aufweist. Oder umgekehrt durch das Zusammenlegen von Wohnungen, um größere Einheiten für Familien oder einkommensstärkere Zielgruppen zu schaffen, sofern Lage und Nachfrage dies tragen.

Solche Eingriffe sind kein Selbstzweck. Sie ergeben sich aus Marktbeobachtung und regionaler Realität. Entscheidend ist, welche Wohnform an einem bestimmten Standort tatsächlich gefragt ist. Nicht der Grundriss auf dem Papier, sondern die Kombination aus Lage, Nachfrage, Kaufkraft und Entwicklungsperspektive.

Darüber hinaus existieren zahlreiche weitere Ansätze. Investitionen in bereits gute Lagen mit stark sanierungsbedürftiger Substanz. Randlagen von Metropolen, die langsam in den Fokus rücken, weil zentrale Stadtteile für viele nicht mehr bezahlbar sind. Stadtteile im Wandel, in denen zunächst Künstler, Studenten und kleine Gewerbe anziehen, bevor später zahlungskräftigere Zielgruppen folgen. Ebenso Investitionen in Problemimmobilien oder schwierige Quartiere, mit dem Wissen, dass Zeit, Geduld, Arbeit und oft auch Widerstände eingeplant werden müssen.

Diese Beispiele sind ausdrücklich keine Anleitung und kein vollständiger Katalog möglicher Strategien. Sie beschreiben lediglich einen Ausschnitt dessen, was Investoren in diesem Bereich tun. Darüber hinaus existieren zahlreiche weitere Herangehensweisen, Kombinationen und Spezialisierungen. Sie ergeben sich aus Erfahrung, regionaler Kenntnis, persönlicher Risikobereitschaft und finanziellen Möglichkeiten und lassen sich nicht sinnvoll in feste Modelle pressen.

Gemeinsam ist all diesen Ansätzen, dass sie aktives Handeln erfordern. Vermögensaufbau über Immobilien ist kein Nebenbei-Investment. Er verlangt Entscheidungen, Eingriffe, Verantwortung und die Fähigkeit, Fehler auszuhalten, ohne dass sie sofort existenziell wirken.

Zeitweise negative Cashflows, höhere Komplexität und ein erhöhter Koordinationsaufwand sind in diesem Motiv nicht automatisch ein Zeichen von Fehlkalkulation. Sie können Teil des Weges sein.

Gefährlich wird dieser Ansatz dort, wo starre Strukturen Gestaltung verhindern, Entscheidungsfreiheit eingeschränkt ist oder zu viele Abhängigkeiten von Dritten bestehen. Ebenso dort, wo Kapital knapp kalkuliert wird, Puffer fehlen oder mehrere Projekte gleichzeitig begonnen werden, ohne dass Rückschläge abgefedert werden können.

Wer Vermögensaufbau will, muss gestalten können. Und akzeptieren, dass nicht jede Entscheidung sofort aufgeht. Entwicklungen brauchen Zeit. Immobilienmärkte reagieren träge.

Dieses Motiv verlangt Geduld. Kapitaldisziplin. Und die Bereitschaft, Verantwortung nicht zu delegieren, sondern zu tragen.

Vermögensaufbau ist kein Versprechen.
Er ist ein Prozess.
Und er funktioniert nur dort, wo Struktur, Markt und eigene Möglichkeiten zueinander passen.

Laufende Einnahmen und Entlastung

Ein dritter Beweggrund für den Kauf einer Immobilie als Kapitalanlage ist nüchtern, pragmatisch und oft emotional aufgeladen, auch wenn er selten so benannt wird. Die Immobilie soll entlasten. Monatlich. Spürbar. Verlässlich.

Nicht irgendwann. Nicht in der Gesamtrechnung nach zwanzig Jahren. Sondern im Hier und Jetzt.

Es geht weniger um Vermögensentwicklung als um das Gefühl, dass am Monatsende etwas übrig bleibt. Dass laufende Ausgaben leichter zu tragen sind. Oder dass die Abhängigkeit vom eigenen Arbeitseinkommen reduziert wird.

In diesem Zusammenhang fällt fast zwangsläufig der Begriff des passiven Einkommens. Verbunden mit der Vorstellung, dass Mieteinnahmen gleichmäßig fließen, sich die Immobilie selbst trägt und der Eigentümer weitgehend aus dem Spiel ist.

Dieses Bild ist nicht vollständig falsch.
Aber es ist gefährlich verkürzt.

Laufende Einnahmen entstehen nicht automatisch. Sie sind kein Naturgesetz. Sondern das Ergebnis einer funktionierenden Struktur, einer realistischen Kalkulation und eines dauerhaften Eingriffs. Auch dann, wenn dieser Eingriff ausgelagert wird.

Wer Entlastung erwartet, bezahlt dafür. Entweder mit Geld, indem Aufgaben vergeben werden. Oder mit Zeit, indem man sie selbst übernimmt. Oder mit Aufmerksamkeit, indem man regelmäßig nachsteuert, kontrolliert und entscheidet.

Verwaltung kostet.
Instandhaltung kostet.
Leerstand kostet.
Zahlungsverzögerungen kosten.

Und jeder dieser Punkte wirkt sich unmittelbar auf das aus, was eigentlich entlasten sollte.

Je weniger man selbst involviert sein möchte, desto höher werden in der Regel die laufenden Kosten. Organisation, Kontrolle und Konfliktbearbeitung verschwinden nicht. Sie werden nur verlagert.

Je schlanker eine Struktur gehalten wird, desto mehr Verantwortung bleibt beim Eigentümer selbst.

Passiv bedeutet hier nicht arbeitsfrei. Es bedeutet lediglich, dass Arbeit delegiert wird. Verantwortung kann nicht abgegeben werden.

Die wirtschaftlichen Folgen eines Ausfalls, einer Fehlentscheidung oder einer Verzögerung landen immer beim Eigentümer. Unabhängig davon, wer den Vorgang bearbeitet hat.

Der Maßstab ist in diesem Motiv eng. Einnahmen müssen regelmäßig fließen. Kosten dürfen nicht überraschen. Ausfälle müssen aufgefangen werden können, ohne dass sofort Druck entsteht.

Nicht geeignet sind daher Immobilien, die strukturell unsicher sind, Sanierungsbedarf in sich tragen oder dauerhaft Aufmerksamkeit verlangen.

Cashflow ist hier kein Bonus.
Er ist die Eintrittskarte.

Steuerliche Entlastung und Gestaltung

Ein weiterer Beweggrund tritt vor allem dort auf, wo bereits hohe Einkommen bestehen und die Steuerlast als begrenzender Faktor wahrgenommen wird. In diesem Fall wird die Immobilie nicht primär als Einnahmequelle betrachtet. Sondern als Werkzeug zur Reduzierung der Steuerbelastung.

Abschreibungen, Sonderabschreibungen und steuerliche Effekte stehen häufig stärker im Fokus als die tatsächliche Mietrendite. Gerade bei hohen Grenzsteuersätzen kann die steuerliche Wirkung auf dem Papier größer erscheinen als der reale Überschuss. Das führt dazu, dass bestimmte Objektarten gezielt gesucht werden.

Sozialer Wohnungsbau, denkmalgeschützte Immobilien oder Neubauten mit befristeten Sonderabschreibungen bieten erhöhte Abschreibungsmöglichkeiten. Sie wirken sich direkt auf die Steuerlast aus. Der Hebel entsteht hier nicht durch steigende Mieten. Sondern durch Gestaltung innerhalb des steuerlichen Rahmens.

Der Maßstab verschiebt sich deutlich. Nicht die langfristige Tragfähigkeit der Miete steht im Vordergrund. Sondern die Frage, wie stark steuerliche Effekte kurz- und mittelfristig wirken und wie sie zur persönlichen Einkommenssituation passen.

Diese Motivation bringt Einschränkungen mit sich, die häufig ausgeblendet werden. Bindungen, Auflagen und Einschränkungen bei Miete, Nutzung oder Verkauf sind kein Sonderfall. Sie sind Teil des Spiels. Ebenso die Abhängigkeit von politischen Entscheidungen, Förderbedingungen und gesetzlichen Rahmenwerken, die sich verändern können.

Gefährlich wird dieser Ansatz dort, wo steuerliche Effekte beginnen, strukturelle Schwächen zu überdecken. Wo Abschreibungen darüber hinwegtäuschen, dass eine Immobilie wirtschaftlich nur unter idealen Bedingungen funktioniert. Und wo die gesamte Rechnung darauf basiert, dass Einkommen, Gesetzeslage und persönliche Situation über Jahre hinweg unverändert bleiben.

Auch hier gilt eine unbequeme, aber zentrale Wahrheit:
Steuern lassen sich gestalten.
Eine schlechte Immobilie lässt sich nicht gesund abschreiben.

Warum diese Gründe nicht beliebig kombinierbar sind

Diese Beweggründe schließen sich nicht vollständig aus. Aber sie stehen in einem permanenten Spannungsverhältnis. Dieses lässt sich nicht durch gute Absichten oder saubere Excel-Tabellen auflösen.

Was Stabilität erzeugt, nimmt in der Regel Dynamik heraus. Was Entwicklung ermöglicht, belastet fast zwangsläufig Liquidität. Was laufende Einnahmen priorisiert, verzichtet häufig auf Wachstumsspielräume. Und was primär steuerlich optimiert wird, kann wirtschaftlich trotzdem schwach aufgestellt sein.

Diese Widersprüche sind kein Zeichen falscher Planung. Sie sind Ausdruck unterschiedlicher Maßstäbe, die nicht gleichzeitig maximiert werden können.

Eine Immobilie lässt sich nicht gleichzeitig als ruhiger Wertspeicher, als Entwicklungsprojekt, als verlässliche Einnahmequelle und als steuerliches

Gestaltungsinstrument betreiben, ohne dass mindestens einer dieser Bereiche unter Druck gerät.

Viele Schwierigkeiten entstehen daher nicht, weil eine Immobilie objektiv schlecht wäre. Sondern weil sie für den falschen Maßstab gekauft wurde. Nicht die Immobilie passt dann nicht. Sondern die Erwartung.

Eine Immobilie kann viel.
Aber sie kann nicht alles gleichzeitig leisten.

Wer diese Spannungen akzeptiert, trifft klarere Entscheidungen. Er setzt bewusst Prioritäten. Und bewertet Risiken realistischer.

Wer sie ignoriert, verbringt oft Jahre damit, an der eigenen Struktur zu ziehen, nachzujustieren, zu erklären und zu hoffen, dass sich widersprüchliche Ziele irgendwann von selbst auflösen.

Die folgenden Kapitel ordnen deshalb nicht Immobilien nach besser oder schlechter. Sondern nach ihrer Funktion. Nicht nach Versprechen. Sondern nach Maßstäben. Und nicht danach, was theoretisch möglich wäre. Sondern danach, wofür eine Immobilie unter realen Bedingungen tatsächlich taugt – und wofür nicht.

Kapitel 27 – Mieteinnahmen realistisch bewerten

Bestand, Haltbarkeit, Anpassbarkeit und politische Wirklichkeit

Mieteinnahmen werden bei Kapitalanlagen gern als feste Größe behandelt. Als verlässlicher Strom, der sich aus Quadratmetern, Lage und Marktpreisen ergibt. Mit sauberer Kalkulation scheint er planbar, solange Kaufpreis, Zustand und Nachfrage auf den ersten Blick zusammenpassen.
Diese Sicht ist bequem.
Und sie ist gefährlich.

Miete ist keine Eigenschaft der Immobilie. Sie ist kein fest verbauter Wert und kein Garant. Sie entsteht aus dem Zusammenspiel von Markt, rechtlichem Rahmen, baulichem Zustand und konkreten Mietverhältnissen. Und all das kann sich verändern, ohne dass sich an der Immobilie selbst ein Stein bewegt.

Wer Mieteinnahmen realistisch bewerten will, beginnt deshalb nicht bei der aktuellen Miethöhe. Sondern bei einer unbequemeren Frage:
Ist diese Miete unter normalen Bedingungen dauerhaft erzielbar – auch dann, wenn der aktuelle Mieter auszieht und neu vermietet werden muss?

Der Vergleich mit der ortsüblichen Vergleichsmiete ist keine Formalität. Er ist eine erste Nagelprobe. Liegt die bestehende Miete deutlich über dem marktüblichen Niveau, entsteht kein Vorteil, sondern Klärungsbedarf. Nicht zwingend, weil die Miete falsch ist. Sondern weil sie erklärungsbedürftig wird.

In der Praxis existieren immer wieder Konstellationen, in denen Mieteinnahmen auf dem Papier hervorragend aussehen. Ihre Tragfähigkeit ist jedoch an besondere Umstände gebunden: familiäre Nähe, persönliche Absprachen, Sondervereinbarungen oder historisch gewachsene Konstruktionen, die bei einem Mieterwechsel verschwinden.

Solche Mieten können Kaufpreise nach oben ziehen, ohne realistisch reproduzierbar zu sein. Sie entlarven sich nicht beim Kauf. Sondern erst bei der ersten Veränderung.

Umgekehrt gibt es zahlreiche vermietete Immobilien mit deutlich unterdurchschnittlichen Mieten. Diese Objekte finden sich selten dort, wo Kapitalanlagen professionell vermarktet werden. Dort sind Entwicklungsspielräume meist bereits genutzt und im Preis verarbeitet. Häufiger tauchen sie im klassischen Maklergeschäft oder bei privaten Verkäufern auf, wo bestehende Mietverhältnisse schlicht übernommen werden.

Eine niedrige Miete ist kein Mangel.
Sie ist ein Zustand.
Und jeder Zustand hat eine Ursache.

Entscheidend ist nicht, dass die Miete niedrig ist. Entscheidend ist, warum sie niedrig ist – und ob, wann und in welchem Rahmen sie verändert werden kann. Zwischen einer theoretischen Sollmiete und ihrer realen Durchsetzbarkeit liegt mehr als eine Rechenzeile. Dort liegen gesetzliche Kappungsgrenzen, Fristen, soziale Realitäten und Lebensgeschichten, die sich nicht beschleunigen lassen.

Wer glaubt, eine zu niedrige Miete lasse sich einfach „anpassen", verkennt die Realität des deutschen Mietrechts. Mieterhöhungen sind gedeckelt, zeitlich gestreckt und an Bedingungen geknüpft. Selbst wenn eine Miete deutlich unter dem Marktniveau liegt, kann es Jahre dauern, bis dieses Niveau erreicht wird. Und in bestehenden Mietverhältnissen ist eine Kündigung zum Zweck der Neuvermietung schlicht nicht möglich.

Doch selbst eine saubere Markteinschätzung erfasst nur einen Teil der Wirklichkeit. Mieteinnahmen hängen nicht nur vom Markt ab. Sie hängen immer auch vom Menschen, der die Wohnung bewohnt.

Mit der Vermietung tritt man in eine andere Lebensgeschichte ein. Nicht aus Idealismus. Sondern aus Fakt. Scheidung, Krankheit, Arbeitslosigkeit, Unfälle oder andere massive Einschnitte folgen keinem Zeitplan und keiner Kalkulation. Sie verändern Zahlungsfähigkeit und Stabilität abrupt. Und sie treffen nicht nur den Mieter, sondern unmittelbar auch die Kapitalanlage.

Hier hilft kein Rechnen.
Hier hilft auch kein „hätte man vorher wissen müssen".

Manchmal ist eine höhere Miete rechnerisch möglich, praktisch aber ausgeschlossen. Weil sie ein ohnehin belastetes Leben weiter destabilisieren würde. Dann kreuzt sich ein Schicksal mit deinem Vorhaben. Nicht aus Bosheit. Sondern aus Realität.

Nicht-Handeln ist in solchen Situationen selten neutral. Oft verschärft es die Lage. Rückstände wachsen. Konflikte eskalieren. Rechtliche Spielräume gehen verloren. Vermietung bedeutet deshalb nicht nur Einnahmen zu zählen. Sondern Verantwortung zu tragen – auch dann, wenn diese Rolle nie gesucht wurde.

Eine weitere Ebene entsteht dort, wo Mieteinnahmen ganz oder teilweise aus staatlichen Leistungen stammen. Und hier wird es unbequem.

Wenn der Staat zahlt, ist nicht mehr nur die Zahlungsfähigkeit des Mieters relevant. Entscheidend ist die Frage, ob der Mieter diese Miete überhaupt selbst erwirtschaften könnte. Ist das nicht der Fall, hängt die Tragfähigkeit der Miete nicht am Markt. Sondern an politischen Entscheidungen.

Das ist kein moralisches Urteil.
Es ist eine strukturelle Feststellung.

In diesem Moment ist der eigentliche Zahler nicht mehr der Mieter. Sondern ein System, das Regeln ändern darf. Und dieses System hat bereits eingegriffen.

Mietpreisbremsen, Kappungsgrenzen und regionale Sonderregelungen sind kein theoretisches Risiko. Sie sind geltendes Recht. Sie zeigen nicht Stabilität. Sondern Eingriffsfähigkeit.

Wer glaubt, der Staat sei ein verlässlicher Zahler, verwechselt momentane Zahlungsbereitschaft mit langfristiger Planbarkeit. Eine Miete, die nur funktioniert, weil der Staat sie trägt, ist keine marktfähige Miete. Sie ist eine politisch geduldete.

Und politische Geduld ist kein Fundament.

Kapitalanlagen werden dennoch überwiegend über Zahlen erklärt. Faktoren, Renditen und Cashflows dominieren, weil sie messbar sind und Sicherheit suggerieren. Was dabei regelmäßig ausgeblendet wird, sind genau diese menschlichen und politischen Bruchlinien. Sie lassen sich nicht in Excel abbilden. Aber sie werden wirtschaftlich wirksam.

Wer Immobilien ausschließlich als Zahlenkonstrukt betrachtet, blendet keinen Nebenaspekt aus. Sondern einen Teil der Wirklichkeit.

Miete ist kein statischer Ertrag.
Sie ist ein bewegliches Ergebnis aus Markt, Recht, Mensch und Politik.

Und genau deshalb entscheidet sich hier, ob eine Kalkulation trägt – oder nur gut aussieht, solange nichts passiert.

Kapitel 28 – Eigentumswohnung vs. Mehrfamilienhaus als Kapitalanlage

Abwägung zwischen Vorteilen und Nachteilen beider Investitionsmöglichkeiten

Die Eigentumswohnung als Kapitalanlage

Eine Eigentumswohnung als Kapitalanlage ist kein einzelnes Investment. Sie ist ein Anteil an einem bestehenden System. In diesem System werden Kosten, Entscheidungen und Verantwortung verteilt, ohne dass sich dadurch die wirtschaftliche Verantwortung des einzelnen Eigentümers auflöst.

Wer eine Wohnung kauft, kauft nicht nur Fläche. Er tritt automatisch in eine Struktur ein, die bereits definiert, wie entschieden wird, wer mitentscheidet und welche Spielräume überhaupt existieren.

Investitionen, Reparaturen und Instandhaltungen werden innerhalb der Eigentümergemeinschaft anteilig getragen. Das wirkt auf den ersten Blick entlastend, weil größere Maßnahmen nicht allein finanziert werden müssen. Dieser Vorteil ist jedoch untrennbar mit dem Verlust der alleinigen Steuerbarkeit verbunden. Art, Umfang und Zeitpunkt solcher Maßnahmen entstehen nicht aus der eigenen Kalkulation, sondern aus Mehrheitsbeschlüssen. Und diese können unabhängig von der individuellen wirtschaftlichen Situation gefasst werden.

Diese Struktur wirkt bei Kapitalanlagen besonders deutlich, weil innerhalb einer Gemeinschaft unterschiedliche Maßstäbe aufeinandertreffen. Eigennutzer bewerten Entscheidungen häufig nach Wohnqualität, Komfort und persönlichem Empfinden. Kapitalanleger beurteilen dieselben Maßnahmen danach, welche Auswirkungen sie auf Rücklagen, laufende Kosten und die Tragfähigkeit der wirtschaftlichen Rechnung haben.

Der Eigennutzer möchte es schöner haben.
Der Kapitalanleger möchte, dass es trägt.

Beides ist legitim. Beides ist nachvollziehbar. Aber es folgt nicht demselben Maßstab.

Maßnahmen wie neue Eingangstüren, modernisierte Flure oder aufgewertete Außenanlagen können den Wert stützen oder erhöhen. Gleichzeitig binden sie Liquidität, reduzieren Rücklagen oder erzwingen zusätzliche Zahlungen, ohne dass sich der Ertrag parallel verändert.

Die wirtschaftliche Wirkung zeigt sich selten abrupt. Sie wirkt schleichend. Die Rechnung kippt nicht durch einen einzelnen Beschluss, sondern durch die Summe vieler kleiner Entscheidungen, die jeweils für sich plausibel erscheinen.

Rücklagen sind in diesem System keine feste Größe. Sie sind eine veränderbare Stellschraube, die in jeder Eigentümerversammlung neu justiert werden kann. Das bedeutet, dass sich die laufende Belastung nicht nur aus dem Status quo ergibt, sondern aus zukünftigen Beschlüssen, auf die kein Einzelner allein Einfluss hat.

Eine zuvor tragfähige Kalkulation kann dadurch allein durch eine veränderte Beschlusslage unter Druck geraten, ohne dass sich an der Immobilie selbst, an der Miete oder am Markt etwas verändert hat.

Hinzu kommt die weit verbreitete Annahme, mit der Beauftragung eines Hausverwalters aus der Verantwortung zu sein. Das ist nicht der Fall. Der Hausverwalter verwaltet das Gemeinschaftseigentum. Er organisiert Abläufe, Abrechnungen, Instandhaltungen und Beschlüsse auf Ebene der Gemeinschaft.

Er verwaltet nicht das Mietverhältnis.
Nicht das Ausfallrisiko.
Und nicht die Wirtschaftlichkeit des einzelnen Eigentümers.

Die Abrechnung des Verwalters ist eine Abrechnung innerhalb der Eigentümergemeinschaft, keine Nebenkostenabrechnung im mietrechtlichen Sinn. Sie enthält regelmäßig Kosten, die nicht umlagefähig sind und vollständig beim Eigentümer verbleiben.

Der Mieter zahlt Miete und Nebenkostenvorauszahlungen an den Vermieter. Der Vermieter zahlt Hausgeld an die Gemeinschaft. Beides ist nicht identisch. Mietausfälle oder ausbleibende Vorauszahlungen ändern nichts an den Verpflichtungen gegenüber der Gemeinschaft. Hausgeld, Rücklagen und Verwalterkosten laufen weiter – unabhängig davon, ob Einnahmen fließen oder nicht.

Auch außerhalb des Gemeinschaftseigentums greift keine pauschale Entlastung. Was zum Sondereigentum gehört, ergibt sich ausschließlich aus Teilungserklärung, Aufteilungsplan und Beschlusslage. Und das kann von Objekt zu Objekt erheblich variieren. Fenster, Balkone oder bestimmte Bauteile können gemeinschaftlich, individuell oder gemischt zugeordnet sein – mit entsprechend unterschiedlichen Kostenfolgen.

Für den Kapitalanleger zählt deshalb keine allgemeine Aussage. Es zählt ausschließlich die konkrete Struktur des jeweiligen Objekts.

Strukturell entscheidend ist zudem das Ausfallrisiko. Eine Eigentumswohnung besteht aus einer Einheit und einer Einnahme. Fällt diese Miete aus, fällt die Einnahme dieses Investments vollständig weg. Es gibt keinen internen Puffer. Keinen Ausgleich. Keinen Mechanismus, der das auffängt.

Wer diese Struktur unterschätzt, weil die Miete bisher „immer gekommen ist", baut seine Kalkulation nicht auf Tragfähigkeit, sondern auf Hoffnung.

Genau hier scheitern viele, ohne es zu merken. Sie kaufen eine Eigentumswohnung in der Annahme, unternehmerisch zu handeln. Später stellen sie fest, dass sie rechtlich kein Entscheider sind, sondern Teil eines Systems, das sie weder steuern noch beschleunigen können.

Wer glaubt, mit einer Eigentumswohnung unternehmerische Kontrolle zu erwerben, verwechselt Eigentum mit Einfluss. In der Praxis ist das kein Detail. Es ist der Punkt, an dem sich Investieren von Mitlaufen trennt.

Als Kapitalanlage funktioniert die Eigentumswohnung ruhig, solange die Gemeinschaft stabil bleibt, die Beschlusslage vernünftig ist und Einnahmen regelmäßig fließen. Sie wird anspruchsvoll, sobald Prioritäten auseinanderlaufen und wirtschaftliche Entscheidungen nicht mehr allein gesteuert werden können.

Die Eigentumswohnung ist kein schlechtes Investment. Aber sie ist ein Investment, bei dem nicht nur die Immobilie selbst entscheidet, sondern auch die Struktur, die Regeln und die Menschen, mit denen Verantwortung geteilt wird.

Das Mehrfamilienhaus als Kapitalanlage

Ein Mehrfamilienhaus ist kein System aus Anteilen. Es ist ein geschlossenes wirtschaftliches Gefüge. Alle Einnahmen, alle Ausgaben und alle Risiken laufen beim Eigentümer zusammen.

Das bedeutet höhere Verantwortung. Höhere Anforderungen an Liquidität, Planung und Fehlertragfähigkeit. Es bedeutet aber auch vollständige Steuerbarkeit.

Investitionen, Maßnahmen und Prioritäten werden nicht abgestimmt, sondern entschieden. Rücklagen entstehen nicht durch Beschluss, sondern durch eigene Disziplin. Fehler lassen sich nicht verteilen, sondern wirken direkt.

Wer hier falsch liegt, merkt es schnell.
Wer richtig liegt, profitiert genau davon.

Der strukturelle Vorteil liegt in der internen Risikostreuung. Mehrere Einheiten bedeuten mehrere Einnahmen. Fällt eine Miete aus, bricht nicht die gesamte Einnahmestruktur weg, sondern nur ein Teil davon. Bei realistischer Kalkulation können die übrigen Einheiten diesen Ausfall tragen.

Dieser Effekt existiert bei der einzelnen Eigentumswohnung nicht.

Gleichzeitig lassen sich Kosten, Verwaltung und Instandhaltung bündeln. Abläufe werden vereinheitlicht. Leerläufe fallen weniger ins Gewicht. Fehler treffen nicht jede Einheit einzeln.

Die höhere Marge entsteht nicht aus Renditeversprechen. Sie entsteht aus Klarheit in der Struktur, weil ein System geführt wird und keine Sammlung einzelner Baustellen.

Der Preis dafür ist die Investitionshöhe. Maßnahmen müssen vollständig selbst finanziert werden. Sanierungen treffen die eigene Liquidität unmittelbar. Fehlkalkulationen lassen sich nicht relativieren, sondern müssen getragen werden.

Ein Mehrfamilienhaus ist kein bequemeres Investment. Es ist ein klareres. Klarer heißt nicht leichter. Klarer heißt: Alles landet bei dir.
Eigentumswohnung vs. Mehrfamilienhaus – eine nüchterne Abwägung

Viele suchen an dieser Stelle nach der besseren Immobilie. Das ist die falsche Frage. Entscheidend ist nicht, was objektiv sinnvoll erscheint, sondern welche Struktur man tragen kann – finanziell, mental und organisatorisch.

Wer hier falsch wählt, scheitert nicht spektakulär, sondern schleichend.

Der Unterschied liegt nicht im Renditeversprechen, sondern in der Logik der Risikoverteilung. Bei der Eigentumswohnung ist das Ausfallrisiko innerhalb des einzelnen Investments maximal, weil eine Einheit einer Einnahme entspricht. Kosten werden teilweise verteilt – allerdings um den Preis eingeschränkter Kontrolle.

Beim Mehrfamilienhaus ist das Ausfallrisiko innerhalb des Objekts gestreut. Investitionen und Fehler müssen jedoch vollständig selbst getragen werden.

Ein vergleichbarer Streuungseffekt lässt sich auch durch mehrere Eigentumswohnungen erzielen, insbesondere an unterschiedlichen Standorten. In diesem Fall entsteht die Risikostreuung nicht innerhalb eines Objekts, sondern auf Portfolioebene. Der Unterschied liegt nicht im Prinzip, sondern im Einstieg.

Eigentumswohnungen ermöglichen einen niedrigeren Kapitaleinsatz, eine schrittweise Annäherung und kontrolliertes Lernen. Dass viele mit Eigentumswohnungen beginnen, liegt nicht daran, dass sie strukturell überlegen sind. Sondern daran, dass sie erreichbar wirken.

Erreichbarkeit ist kein Qualitätsmerkmal. Sie erklärt nur, warum Fehler kleiner beginnen – nicht warum sie ausbleiben.

Mehrfamilienhäuser bündeln Verantwortung, Risiko und Gestaltung. Sie verlangen entsprechend finanzielle und mentale Stabilität. In der Praxis zeigt sich häufig ein Verlauf, bei dem Anleger mit Eigentumswohnungen beginnen und später auf Mehrfamilienhäuser wechseln. Nicht weil das eine besser ist als das andere, sondern weil sich Erfahrung, Kapitalbasis und Maßstab verändern.

Dieser Weg ist keine Regel und kein Ziel. Er ist eine Möglichkeit. Entscheidend ist nicht, womit begonnen wird, sondern ob die Struktur zum eigenen Erfahrungsstand, zur finanziellen Ausgangslage und zum gewünschten Maßstab passt.

Dieses Kapitel trifft keine Entscheidung.
Es macht sichtbar, was wirkt.

Nicht die Immobilie entscheidet über den Erfolg.
Sondern das Spielfeld, auf dem gespielt wird – und ob man dessen Regeln versteht.

Kapitel 29 – Umlagefähige und nicht umlagefähige Kosten

Warum nicht alles beim Mieter landet – und warum pauschale Rechnungen scheitern

Bei Kapitalanlagen wird erstaunlich oft so gerechnet, als ließe sich ein Großteil der laufenden Kosten einfach „weiterreichen". Als wäre der Mieter eine Durchlaufstation für alles, was anfällt. Und als bestünde Wirtschaftlichkeit vor allem darin, möglichst viel als umlagefähig zu deklarieren und den Rest kleinzurechnen.

Diese Vorstellung ist bequem.
Und sie ist brandgefährlich vereinfacht.

Umlagefähig ist nicht, was logisch klingt. Nicht das, was „üblich" erscheint. Und schon gar nicht das, was bei einem anderen Objekt funktioniert hat. Umlagefähig ist ausschließlich das, was das Mietrecht in Verbindung mit der Betriebskostenverordnung zulässt – bezogen auf dieses konkrete Objekt, diesen konkreten Vertrag und diese konkrete Konstellation.

Genau hier beginnt das Minenfeld.

Jede Immobilie ist anders. Baujahr, technische Ausstattung, Heizsystem, Verwaltungsform, energetischer Zustand und Mieterstruktur führen dazu, dass Kosten zwar ähnlich heißen, aber völlig unterschiedlich wirken.

Wer mit pauschalen Prozentwerten oder Durchschnittszahlen rechnet, rechnet nicht konservativ. Er rechnet blind.

Gerade bei Kapitalanlagen wird häufig mit „üblichen Kosten" kalkuliert. Mit Tabellen. Mit Erfahrungswerten. Mit fremden Abrechnungen. Das mag als grobe Orientierung taugen. Als Entscheidungsgrundlage taugt es nicht.

Denn Kosten sind kein abstrakter Block. Sie sind das Ergebnis eines konkreten Gebäudes in einem konkreten rechtlichen Rahmen. Was bei Objekt A problemlos umlagefähig ist, kann bei Objekt B ganz oder teilweise beim Eigentümer hängen bleiben – ohne Spielraum für Diskussion.

Zu den klassisch umlagefähigen Betriebskosten gehören unter anderem Heiz- und Warmwasserkosten, Wasser und Abwasser, Grundsteuer, Müllabfuhr, Allgemeinstrom, Gebäudeversicherung, Hausreinigung, Gartenpflege,

Aufzugskosten oder der Schornsteinfeger. Das klingt klar. Ist es aber nur auf dem Papier.

Selbst hier gilt: Umlagefähig heißt nicht automatisch vollständig umlagefähig. Und schon gar nicht in jeder Konstellation.

Ein aktuelles Beispiel sind die CO_2-Kosten der Heizung. Diese werden gesetzlich zwischen Vermieter und Mieter aufgeteilt – abhängig von der energetischen Qualität des Gebäudes. Je schlechter die Effizienzklasse, desto höher der Anteil, den der Vermieter tragen muss.

Bei sehr ineffizienten Gebäuden kann ein erheblicher Teil dieser Kosten beim Eigentümer verbleiben. Selbst wenn die Miete marktgerecht ist und pünktlich gezahlt wird. Das ist keine Option. Das ist Gesetz. Und es zeigt, wie schnell sich selbst scheinbar feste Umlagepositionen verschieben können.

Entscheidend für die Tragfähigkeit einer Kapitalanlage sind jedoch die Kosten, die sicher beim Eigentümer verbleiben. Und das sind mehr, als viele wahrhaben wollen.

Dazu gehören Instandhaltung und Instandsetzung – alles, was Substanz erhält oder wiederherstellt. Verwaltungskosten, egal ob Mietverwaltung oder WEG-Verwaltung. Rücklagenbildung. Reparaturen am Sondereigentum. Modernisierungen, soweit sie nicht rechtlich umlagefähig sind. Leerstandskosten. Mietausfälle. Rechts- und Beratungskosten. Finanzierungskosten jenseits des reinen Zinsanteils, insbesondere Tilgung.

Diese Kosten sind nicht optional. Sie verschwinden nicht, nur weil sie nicht monatlich sichtbar sind. Sie wirken zeitversetzt. Gebündelt. Und oft genau dann, wenn Liquidität ohnehin angespannt ist.

Gerade Rücklagen werden regelmäßig unterschätzt. Wer keine bildet, spart nicht – er verschiebt. Und verschobene Probleme kommen gebündelt zurück.

Bei Eigentumswohnungen kommt ein zusätzlicher Faktor hinzu. Die Höhe der Rücklage liegt nicht allein in der eigenen Hand. Sie wird in der Eigentümerversammlung beschlossen. Steigt der Sanierungsbedarf oder ändert sich die Beschlusslage, steigt die monatliche Rücklagenzuführung – unabhängig davon, ob die eigene Kalkulation noch passt.

Die Miete bleibt gleich. Die Belastung nicht zwingend. Man ist Teil eines Systems, das Kosten verändern kann, ohne dass man allein darüber entscheidet.

Rücklagen sind deshalb keine feste Größe. Sie sind eine Variable. Und Variablen gehören in jede ehrliche Rechnung.

Ein weiterer Irrtum betrifft Modernisierungen. Nicht jede Sanierung ist umlagefähig. Nur echte Modernisierungen im rechtlichen Sinn – also Maßnahmen, die den Gebrauchswert nachhaltig erhöhen oder Energie einsparen – können unter bestimmten Voraussetzungen anteilig auf die Miete umgelegt werden.

Reine Instandhaltung ist nicht umlagefähig. Reparaturen sind nicht umlagefähig. Der bloße Ersatz durch Gleichwertiges ist nicht umlagefähig. Und selbst bei umlagefähigen Modernisierungen gelten gesetzliche Deckelungen.

Formfehler bei der Ankündigung führen dazu, dass eine Umlage scheitert. Kosten müssen sauber getrennt werden – zwischen Instandhaltung und Modernisierung. Wer das nicht strukturiert dokumentiert, verliert im Zweifel vor Gericht. Das Problem liegt selten im Umbau. Es liegt in der Begründung.

Nicht umlagefähige Kosten sind der Grund, warum Immobilien, die auf dem Papier hervorragend aussehen, in der Realität kaum Spielraum lassen. Sie sind der Grund, warum Cashflows zusammenschmelzen, obwohl die Miete pünktlich eingeht. Und sie sind der Grund, warum viele Eigentümer erst Jahre später merken, dass ihre Rechnung nie so stabil war, wie sie dachten.

Denn diese Kosten lassen sich nicht wegdiskutieren. Nicht auf den Mieter verschieben. Und nicht in Tabellen schönrechnen.

Wer sie unterschätzt, baut keinen Puffer auf. Und wer keinen Puffer hat, verliert Handlungsfähigkeit. Eine Kapitalanlage wirkt nicht isoliert. Eine Immobilie, die laufend Liquidität frisst, bremst nicht nur sich selbst. Sie blockiert weitere Investitionen. Sie verhindert Wachstum. Sie zwingt zu defensiven Entscheidungen – nicht aus Strategie, sondern aus Mangel an Spielraum.

In diesem Zustand ist eine Immobilie kein Vermögensbaustein mehr. Sie ist eine Verpflichtung, die bindet.

Die eigentliche Frage lautet deshalb nicht: Was kann ich umlegen?
Die entscheidende Frage lautet: Welche Kosten bleiben sicher bei mir – auch dann, wenn alles andere gut läuft?

Wer diese Frage nicht ehrlich beantwortet, rechnet zu optimistisch. Und Optimismus ist keine Sicherheitsreserve.

Umlagefähige Kosten entlasten.
Nicht umlagefähige Kosten entscheiden.

Nicht alles landet beim Mieter.
Und das, was beim Eigentümer bleibt, entscheidet darüber, ob eine Kapitalanlage trägt – oder nur gut aussieht.

Kapitel 30 – Einordnung statt Versprechen

Faktor, Jahresnettomiete und ihre Grenzen

Faktor und Jahresnettomiete gehören zu den beliebtesten Werkzeugen im Immobilienbereich, weil sie schnell verfügbar sind, leicht verständlich wirken und eine trügerische Ordnung in einen Markt bringen, der in Wahrheit komplex, widersprüchlich und voller Abhängigkeiten ist. Denn mit einer einzigen Zahl lässt sich scheinbar entscheiden, ob ein Objekt „gut" oder „schlecht", „teuer" oder „attraktiv" ist, ohne sich mit dem beschäftigen zu müssen, was hinter dieser Zahl tatsächlich wirkt.

Genau darin liegt ihre Stärke – und genau darin liegt ihre Gefahr.

Beide Kennzahlen reduzieren eine Immobilie auf ein Verhältnis zwischen Kaufpreis und Einnahmen und liefern damit eine erste grobe Orientierung, mehr nicht, weniger aber auch nicht, denn weder der Faktor noch die Jahresnettomiete sagen etwas über Substanz, Struktur, Haltbarkeit oder Anpassungsfähigkeit aus. Sondern lediglich darüber, wie ein Objekt **im Moment** aussieht, unter **aktuellen** Bedingungen, mit **aktuellen** Mietverhältnissen und **aktuellen** Annahmen.

Der Faktor ersetzt keine Prüfung.
Er ersetzt keine Entscheidung.
Und er ersetzt schon gar keine Verantwortung.

Er ersetzt lediglich den ersten Eindruck, der ansonsten häufig aus Bauchgefühl, Hoffnung oder fremden Versprechen entsteht, und genau deshalb ist er als Filter sinnvoll, solange klar ist, dass er nichts weiter ist als ein Filter und nicht die Antwort auf die eigentliche Frage, nämlich ob eine Immobilie unter realen Bedingungen tragen kann.

Problematisch wird es dort, wo diese Zahl mehr sein soll als genau das, wo aus Orientierung Überzeugung wird und aus einem Rechenwert eine Rechtfertigung, denn genau an diesem Punkt beginnt nicht Kalkulation, sondern Wunschdenken. Genau hier trennt sich sauberes Rechnen von Schönrechnen.

Der Faktor beschreibt rechnerisch, nach wie vielen Jahren sich der Kaufpreis aus den aktuellen Mieteinnahmen amortisieren würde, während die

Jahresnettomiete die Grundlage dieser Rechnung bildet, wobei beide Kennzahlen ausschließlich den Ist-Zustand abbilden und keinerlei Aussage darüber treffen, wie stabil diese Zahlen bleiben. Wenn sich Bedingungen ändern, Mieter wechseln, Kosten steigen oder politische und regulatorische Eingriffe den Rahmen verschieben.

Sie zeigen, wie eine Immobilie **heute** wirkt.
Sie sagen nichts darüber, wie sie sich **verhält**.

Deshalb ist es zwingend notwendig, die Mieteinnahmen nicht isoliert zu betrachten, sondern sie immer in Relation zur genehmigten Wohnfläche, zum daraus resultierenden Quadratmeterpreis und zum tatsächlichen örtlichen Markt zu setzen. Nur so lässt sich beurteilen, ob eine Miete realistisch, erklärungsbedürftig oder bereits überzogen ist, unabhängig davon, wie gut sie sich in einer Rechnung macht.

Liegt der Quadratmeterpreis deutlich über dem ortsüblichen Niveau, entsteht kein Vorteil, sondern ein Risiko, denn hohe Mieteinnahmen sind nur dann wertvoll, wenn sie **reproduzierbar** sind. Also auch bei einem Mieterwechsel unter normalen Marktbedingungen wieder erzielt werden können, und nicht an Sonderkonstellationen gebunden sind, die mit der aktuellen Person verschwinden.

In der Praxis existieren regelmäßig Konstellationen, in denen einzelne Mieter auf dem Papier außergewöhnlich hohe Mieten zahlen. Sei es aufgrund persönlicher Beziehungen, familiärer Nähe, alter Vereinbarungen oder stillschweigender Sonderabsprachen, die rechnerisch den Faktor drücken und den Kaufpreis rechtfertigen sollen. In der Realität jedoch keine belastbare Grundlage darstellen, weil sie bei einem Wechsel nicht haltbar sind.

Auf dem Papier sieht das attraktiv aus.
In der Realität ist es eine Sollbruchstelle.

Denn bei einem Mieterwechsel zählt nicht, was bisher gezahlt wurde, sondern was **erzielt werden kann**, und genau diesen Unterschied kennt der Faktor nicht, weil er die Zahl übernimmt, ohne ihre Entstehung, ihre Bindung oder ihre Wiederholbarkeit zu hinterfragen.

Umgekehrt liegt genau hier eines der wenigen realen Entwicklungspotenziale im Bestand, denn viele vermietete Immobilien liegen deutlich unter dem ortsüblichen Mietniveau, nicht weil sie schlecht wären, sondern weil Mietverhältnisse über Jahre gewachsen sind, Anpassungen unterlassen wurden oder soziale Rücksichtnahme eine Rolle gespielt hat.

Diese Konstellationen finden sich jedoch selten dort, wo Immobilien gezielt als Kapitalanlagen vermarktet werden, denn wer mit Kapitalanlagen handelt, hat dieses Potenzial in der Regel bereits genutzt oder vollständig eingepreist und realisiert an diesem Punkt seinen Gewinn. Während unterdurchschnittliche Mieten deutlich häufiger im klassischen Maklergeschäft oder bei privaten Verkäufern auftauchen.

Doch auch hier liegt die Gefahr nicht im Zustand selbst, sondern in der Annahme, man könne diesen Zustand beliebig und schnell verändern. Zwischen theoretischer Sollmiete und realer Durchsetzbarkeit liegt Zeit, Recht und Menschlichkeit, und genau dieser Abstand entscheidet darüber, ob eine Rechnung trägt oder kippt.

Mieterhöhungen lassen sich nicht beliebig durchsetzen.
Sie sind rechtlich begrenzt, zeitlich gestaffelt und sozial eingebettet.

Selbst bei deutlich zu niedrigen Mieten dauert es oft Jahre, bis das ortsübliche Niveau erreicht wird, weil gesetzliche Kappungsgrenzen greifen, Erhöhungen nur in bestimmten Abständen zulässig sind und eine Kündigung zum Zweck der Neuvermietung in bestehenden Mietverhältnissen eben nicht einfach möglich ist, egal wie attraktiv die Rechnung auf dem Papier aussieht.

Hinzu kommt, dass Mieteinnahmen nicht nur vom Markt abhängen, sondern vom Menschen, der sie zahlen soll. Denn in vielen Fällen ist der Mieter selbst wirtschaftlich nicht in der Lage, diese Miete aus eigener Kraft dauerhaft zu tragen, sondern ist auf staatliche Leistungen angewiesen, wodurch eine zusätzliche Abhängigkeit entsteht, die nicht im Objekt liegt, sondern im politischen und gesellschaftlichen Rahmen.

Auch wenn solche Zahlungen in der Praxis oft als stabil wahrgenommen werden, bleibt die Tatsache bestehen, dass hier nicht Markt, sondern Staat zahlt, und dass politische Eingriffe wie Mietpreisbremse, Kappungsgrenzen oder neue

Regulierungen bereits Realität sind. Es zeigt, dass weitere Eingriffe nicht theoretisch, sondern jederzeit möglich sind.

Wer glaubt, diese Ebene ignorieren zu können, weil sie unbequem ist, verwechselt Hoffnung mit Strategie.

Der Faktor bildet all das nicht ab.
Die Jahresnettomiete auch nicht.

Beide Kennzahlen kennen keine Mietverhältnisse, keine Lebensläufe, keine rechtlichen Bremsen und keine politischen Eingriffe, sondern lediglich eine Zahl im Jetzt, und genau deshalb sind sie als Werkzeug für den ersten Eindruck geeignet, aber als Entscheidungsgrundlage brandgefährlich.

Richtig eingesetzt ersetzen sie Bauchgefühl durch Struktur.
Falsch eingesetzt ersetzen sie Denken durch Vertrauen.

Und wer hier einfach vertraut, weil er ein Ziel hat – Vermögen aufbauen, Freiheit gewinnen, dem Hamsterrad entkommen – erreicht oft genau das Gegenteil. Weil er Verantwortung abgibt, wo er sie übernehmen müsste, und sich an Zahlen klammert, die Sicherheit versprechen, aber keine liefern.

Immobilien funktionieren.
Aber sie funktionieren nur mit eigenem Wissen.

Kein Investor ist durch Abkürzungen dort gelandet, wo er heute steht, und niemand, der wirklich verstanden hat, was er tut, würde behaupten, er sei ohne Fehler, Lernen und Verantwortung dorthin gekommen, wo andere ihm heute zuhören.

Der Faktor ist kein Feind.
Aber er ist auch kein Freund.

Er ist ein Werkzeug.
Und Werkzeuge ersetzen kein Denken.

Nicht die Zahl entscheidet.
Sondern die Realität, die hinter ihr trägt – oder eben nicht.

Kapitel 31 – Finanzierung, Steuern und Realität

Warum Einnahmen, Ausgaben und Wirkung nicht identisch sind

Finanzierung und Steuern werden bei Immobilien als Kapitalanlage gerne in einem Atemzug erklärt, oft so, als ließen sie sich sauber ineinander auflösen, als wäre am Ende alles nur eine Frage der richtigen Struktur, des passenden Modells oder einer intelligenten Gestaltung. Genau hier beginnt der Denkfehler. Denn Finanzierung, Steuern und wirtschaftliche Realität sind keine Ebenen, die sich decken, sondern Ebenen, die nebeneinander existieren und nach eigenen Regeln wirken – und wer sie vermischt, belügt sich nicht strategisch, sondern operativ.

Einnahmen sind das, was einer Immobilie zufließt.
Ausgaben sind das, was sie verlässt.
Die steuerliche Wirkung entsteht an einer dritten Stelle, rechnerisch, zeitversetzt und abhängig von persönlichen Rahmenbedingungen, die mit dem Objekt selbst oft nur am Rand zu tun haben.

Diese drei Ebenen beeinflussen sich gegenseitig, aber sie sind nicht identisch. Und sie werden sich auch nie identisch verhalten, egal wie sauber eine Excel gebaut ist.

Mieteinnahmen werden steuerlich vollständig als Einkünfte aus Vermietung und Verpachtung erfasst, unabhängig davon, ob dieses Geld auf dem Konto liegen bleibt, direkt weiterfließt oder ausschließlich dazu dient, Löcher zu stopfen. Das Finanzamt interessiert sich nicht dafür, ob die Einnahmen gefühlt verfügbar sind. Es interessiert sich dafür, dass sie existieren.

Die Finanzierung entscheidet darüber, wie stark diese Einnahmen belastet werden. Zinsen und Tilgung folgen dabei völlig unterschiedlichen Logiken, werden aber in der Praxis regelmäßig in einen Topf geworfen – mit fatalen Folgen.

Zinsen sind laufende Kosten. Sie belasten die Liquidität unmittelbar und mindern gleichzeitig den steuerlichen Gewinn, allerdings immer nur anteilig, abhängig vom persönlichen Steuersatz. Ein Euro Zinsaufwand ist kein Euro Steuerersparnis, sondern zunächst einmal ein Euro weniger auf dem Konto, mit einer möglichen steuerlichen Entlastung im Nachgang. Wer das verwechselt, rechnet sich reich und lebt eng.

Die Tilgung folgt einer anderen Logik. Sie ist steuerlich kein Aufwand, sondern Vermögensaufbau. Sie reduziert Schulden, erhöht den eigenen Anteil an der Immobilie und bindet Liquidität, ohne den steuerlichen Gewinn zu mindern. Ökonomisch ist Tilgung sinnvoll, steuerlich ist sie unsichtbar. Das Geld verschwindet nicht, aber es ist weg – zumindest aus der eigenen Verfügbarkeit.

Genau hier entsteht einer der häufigsten Brüche zwischen Rechnung und Alltag. Eine Immobilie kann steuerlich Gewinn ausweisen, obwohl ein erheblicher Teil der Einnahmen direkt in die Tilgung fließt und dem Eigentümer nie zur Verfügung steht. Auf dem Papier bleibt etwas übrig, im Alltag entsteht Druck. Nicht, weil falsch gerechnet wurde, sondern weil Steuerrecht, Liquidität und Vermögensaufbau drei verschiedene Sprachen sprechen.

Wer diese Ebenen nicht trennt, erlebt Immobilien, die rechnerisch profitabel wirken und sich gleichzeitig schwer anfühlen, eng laufen und ständig Aufmerksamkeit verlangen. Dieses Gefühl ist kein Zeichen von persönlichem Versagen und auch kein Beweis für eine schlechte Immobilie. Es ist die logische Folge einer Rechnung, die Ebenen vermischt, statt sie sauber nebeneinander zu stellen.

Besonders gefährlich wird es dort, wo steuerliche Effekte beginnen, operative Schwächen zu überdecken. Abschreibungen, Sonderabschreibungen oder erhöhte AfA-Sätze können die Steuerlast senken, aber sie erzeugen keinen Cashflow. Sie ersetzen keine Einnahmen, sie fangen keine Ausfälle ab und sie zahlen keine Rechnungen. Sie wirken nur dort, wo ohnehin Einkommen vorhanden ist, gegen das sie gerechnet werden können.

Gerade bei hohen Einkommen entsteht so schnell der Eindruck, eine Immobilie „trage sich“, weil die Steuerersparnis spürbar ist, während das Objekt operativ Liquidität bindet und faktisch vom externen Einkommen mitgetragen wird. Diese Konstruktion kann funktionieren. Aber sie funktioniert nicht aus sich selbst heraus. Sie funktioniert nur so lange, wie Einkommen stabil bleiben, Gesetzeslagen konstant sind und keine zusätzlichen Belastungen auftreten.

Ändert sich einer dieser Faktoren, kippt die Rechnung oft abrupt, ohne Übergangsphase. Nicht, weil etwas plötzlich falsch wird, sondern weil der steuerliche Nebel sich lichtet und sichtbar wird, was die Immobilie tatsächlich leistet – oder eben nicht.

Modelle wie Denkmalabschreibungen, Neubau-AfA oder sozialer Wohnungsbau folgen derselben Logik. Sie können steuerlich stark wirken, sind aber regelmäßig an Auflagen, Bindungen und politische Rahmenbedingungen geknüpft, die sich verändern können. Die Risiken tauchen nicht in der Steuererklärung auf, sondern im Betrieb: bei Mieten, bei Kosten, bei Anpassungsmöglichkeiten und beim Exit.

Steuern können eine Investition begleiten.
Sie können sie nicht tragen.

Eine Immobilie ist wirtschaftlich tragfähig, wenn sie operativ funktioniert, also Einnahmen erzielt, Kosten deckt und Abweichungen aushält. Die Finanzierung ist sinnvoll, wenn sie diese Struktur nicht überfordert. Die steuerliche Wirkung ist hilfreich, wenn sie ergänzt und nicht ersetzt.

Liquidität ist dabei keine Komfortgröße, sondern die einzige Ebene, die im Ernstfall entscheidet. Sie überbrückt Leerstand, sie fängt Verzögerungen ab, sie erlaubt Handlungsfähigkeit. Steuerliche Effekte helfen keinen einzigen Monat, wenn das Konto leer ist. Abschreibungen zahlen keine Handwerker. AfA füttert keine Rücklagen. Modelle ersetzen keine Luft.

Wer Finanzierung, Steuern und Immobilie getrennt denkt und erst danach zusammensetzt, erkennt früh, ob ein Modell Substanz hat oder nur gut aussieht. Wer alles gleichzeitig vermischt, verwechselt rechnerische Effekte mit wirtschaftlicher Realität – und zahlt den Preis nicht sofort, sondern schleichend.

Dieses Kapitel will weder Finanzierung schlechtreden noch Steuern relativieren. Es ordnet ein. Nicht jede steuerlich attraktive Immobilie ist wirtschaftlich sinnvoll. Und nicht jede wirtschaftlich tragfähige Immobilie ist steuerlich optimiert. Entscheidend ist nicht, wie gut sich eine Rechnung liest, sondern wie stabil sie bleibt, wenn Einnahmen schwanken, Kosten steigen oder Effekte wegfallen.

Tilgung baut Vermögen auf.
Steuern bilden Wirkungen ab.
Liquidität entscheidet über Handlungsfähigkeit.

Wer diese Unterschiede versteht, rechnet nicht schöner.
Er rechnet ehrlicher.

Kapitel 32 – Warum ein Steuerberater Teil der Prüfung ist

Abschreibung, Restnutzungsdauer und die steuerliche Tragfähigkeit

Steuern sind bei Immobilien keine Randnotiz und kein nachgelagerter Optimierungspunkt, sondern ein integraler Bestandteil der wirtschaftlichen Wirkung, auch wenn sie in vielen Gesprächen genau so behandelt werden, als ließen sie sich später noch „sauber lösen", wenn das Objekt erst einmal gekauft ist. Diese Denkweise ist bequem, sie ist verbreitet – und sie ist gefährlich.

Abschreibung, Restnutzungsdauer, Finanzierung und steuerliche Einordnung greifen ineinander und bestimmen über Jahre hinweg, wie sich eine Immobilie anfühlt, nicht nur auf dem Papier der Steuererklärung, sondern im Alltag, auf dem Konto und im eigenen Handlungsspielraum. Diese Wirkung ist nicht pauschal, sie folgt keinem festen Schema und sie lässt sich nicht aus einem Ratgeber ableiten, weil sie nicht allein vom Objekt abhängt, sondern vom Zusammenspiel aus Immobilie, Finanzierung, persönlichem Einkommen, Steuersatz, Haltedauer und rechtlichem Rahmen.

Genau deshalb ist ein Steuerberater kein optionaler Begleiter und kein formaler Pflichttermin nach dem Kauf, sondern Teil der Prüfung selbst. Wer das ausklammert, spart nicht, er verzichtet auf Einordnung – und zahlt später mit Unsicherheit.

Ein zentraler Hebel in diesem Zusammenhang ist die Abschreibung. Sie reduziert den steuerlichen Gewinn, ohne Liquidität zu erzeugen, und sie wirkt ausschließlich dort, wo tatsächlich steuerpflichtige Einkünfte vorhanden sind. Abschreibung ist kein Geldfluss, sondern ein Rechenmechanismus, der Wirkung entfaltet, aber nichts erwirtschaftet. Wer das nicht sauber trennt, verwechselt Entlastung mit Ertrag.

Grundsätzlich wird ein Gebäude über seine Nutzungsdauer abgeschrieben, während das Grundstück selbst keiner Abnutzung unterliegt und steuerlich nicht abgeschrieben werden darf. Das Grundstück bleibt, das Gebäude gilt als verbrauchbar. Genau daraus ergibt sich die enorme Bedeutung der Kaufpreisaufteilung in Gebäude- und Grundstücksanteil, denn die Abschreibung wirkt ausschließlich auf den Gebäudeanteil. Je höher dieser angesetzt wird, desto höher fällt die jährliche Abschreibung aus – zumindest rechnerisch.

In der Praxis wird diese Aufteilung jedoch erschreckend oft pauschal vorgenommen, ungeprüft aus Vorlagen übernommen oder mit Verweis auf angebliche Erfahrungswerte abgenickt, obwohl sie einen erheblichen Gestaltungsspielraum besitzt, der jedoch fachlich sauber begründet und dokumentiert werden muss. Eine künstliche Verschiebung ohne Substanz ist kein cleverer Move, sondern ein Risiko, das nicht sofort auffällt, sondern erst dann, wenn es geprüft wird.

Ein weiterer Hebel ist die Restnutzungsdauer des Gebäudes. Unter bestimmten Voraussetzungen kann durch ein qualifiziertes Gutachten eine kürzere Restnutzungsdauer nachgewiesen werden, was die jährliche Abschreibung erhöht und die steuerliche Wirkung verstärkt. Auch hier gilt jedoch dieselbe unbequeme Wahrheit: Die Abschreibung steigt, die Liquidität bleibt gleich. Die Darstellung verbessert sich, die Realität nicht. Wer glaubt, hier entstehe Spielraum, verwechselt Rechenvorteile mit finanzieller Entlastung.

Neben der Abschreibung spielt die Finanzierung eine zentrale Rolle für die steuerliche Wirkung. Zinsen aus Darlehen werden steuerlich als Aufwand berücksichtigt und mindern die Einkünfte aus Vermietung und Verpachtung, wodurch sich die Steuerlast reduziert. Dieser Effekt ist real, aber er ist kein Geschenk. Zinsaufwand entlastet steuerlich und belastet gleichzeitig die Liquidität. Wer nur auf die Steuer schaut, sieht den Schmerz nicht, der parallel entsteht.

In diesem Zusammenhang werden häufig Finanzierungsmodelle empfohlen, die bewusst mit hoher Zinslast arbeiten, etwa endfällige Darlehen, bei denen die Tilgung nicht laufend erfolgt, sondern über ein separates Tilgungsersatzprodukt abgebildet wird. Solche Modelle können steuerlich sinnvoll erscheinen, weil sie den abzugsfähigen Zinsaufwand hoch halten, sie binden jedoch Kapital in Nebenstrukturen und verlagern Risiken in Bereiche, die verstanden, überwacht und getragen werden müssen. Wer hier blind folgt, kauft Komplexität ein und nennt es Optimierung.

Auch Sonderabschreibungen werden gerne als Königsweg dargestellt, etwa bei Neubauten, im sozialen Wohnungsbau oder bei denkmalgeschützten Immobilien. Diese Sonderabschreibungen können steuerlich stark wirken, sind aber fast immer an Auflagen, Bindungen, Mietbegrenzungen oder Mindesthaltedauern geknüpft. Sie erkaufen steuerliche Wirkung mit struktureller Unbeweglichkeit – ein Tausch, der selten offen benannt wird.

Darüber hinaus existieren unterschiedliche Abschreibungsmodelle, lineare, degressive oder zeitlich begrenzte Varianten, deren Sinnhaftigkeit sich nicht aus dem Modell selbst ergibt, sondern ausschließlich aus dem individuellen Kontext. Wer pauschal fragt, „was besser ist", stellt die falsche Frage. Entscheidend ist, was zur eigenen Einkommenssituation, zur Finanzierung, zur Haltedauer und zum persönlichen Ziel passt.

All diese Möglichkeiten zeigen eines sehr deutlich: Steuerliche Gestaltung ist kein Baukasten, aus dem man sich beliebig Teile herausnimmt, sondern ein Zusammenspiel aus Recht, Objekt, Finanzierung und persönlicher Situation. Wer versucht, einzelne Stellschrauben isoliert zu drehen, verschiebt Probleme, löst sie aber nicht.

Dieses Kapitel liefert keine Rezepte und will das auch nicht. Es zeigt, warum Rezepte hier nicht funktionieren. Die steuerliche Tragfähigkeit einer Immobilie lässt sich nicht allgemein beantworten, sie entsteht erst im konkreten Einzelfall, im Gespräch, in der Abwägung und in der sauberen Durchrechnung aller Ebenen.

Deshalb gehört ein Steuerberater zwingend in diesen Prüfprozess – und bewusst nicht irgendeiner. Nicht jeder, der Steuererklärungen erstellt, berät. Und nicht jeder, der berät, denkt strategisch. Wer hier am falschen Ende spart oder sich mit pauschalen Aussagen zufriedengibt, verzichtet nicht auf Luxus, sondern auf Klarheit.

Steuerliche Gestaltung betrifft nicht nur die Immobilie, sondern immer auch die Finanzierung. Eine hohe Tilgung ist steuerlich in der Regel unattraktiv, weil sie den steuerlichen Gewinn nicht mindert, wohl aber Liquidität bindet – sie kann dennoch im Einzelfall richtig sein, abhängig vom Sicherheitsbedürfnis, vom Risikoprofil und vom Ziel der Investition. Es gibt keine pauschal richtige Lösung. Es gibt nur passende Lösungen.

Genau deshalb müssen Immobilie, Finanzierung und Steuern gemeinsam gedacht werden. Nicht im Nachhinein. Nicht isoliert. Und nicht ohne fachkundige Begleitung.

Orientierung schafft Verständnis.
Beratung schafft Verbindlichkeit.

Und erst beides zusammen entscheidet, ob steuerliche Möglichkeiten tragen – oder nur gut klingen.

Kapitel 33 – Zeit kann dein Verbündeter sein. Oder dein Gegner

Entwicklung, politische Rahmenbedingungen und langfristige Wirkung

Zeit wird bei Kapitalanlagen gerne als stiller Helfer verkauft, als unsichtbare Kraft, die Probleme glättet, Schwächen ausbügelt und dafür sorgt, dass sich eine Immobilie irgendwann schon tragen wird, wenn man sie nur lange genug hält und nicht zu früh nervös wird. Diese Vorstellung ist bequem, sie beruhigt – und sie ist nur dann richtig, wenn die Struktur von Anfang an stimmt.

Zeit schützt keine schlechten Entscheidungen.
Zeit verstärkt sie.

Bei Kapitalanlagen wirkt Zeit nicht neutral. Sie ist kein Polster und kein Sicherheitsnetz, sondern ein Verstärker. Was heute tragfähig erscheint, wird über Jahre entweder stabiler oder fragiler, abhängig davon, wie viele Annahmen gleichzeitig eintreten müssen, damit die Rechnung aufgeht. Je mehr Voraussetzungen erfüllt sein müssen, desto gefährlicher wird Zeit – nicht plötzlich, sondern schleichend.

Kapitalanlagen funktionieren nicht zu einem Stichtag. Sie müssen über Jahre funktionieren. Und genau in dieser Zeit verändert sich nicht nur der Markt, sondern auch das Spielfeld. Mietrecht ist kein Naturgesetz, sondern das Ergebnis politischer Prioritäten. Steuerrecht ist kein Fundament, sondern ein Steuerungsinstrument. Förderungen, Sonderabschreibungen und steuerliche Anreize sind keine Zusagen, sondern politische Werkzeuge auf Zeit.

Was heute als sinnvoller Hebel gilt, kann morgen eingeschränkt, gedeckelt oder beendet werden, ohne dass sich an der Immobilie selbst auch nur ein Stein bewegt hat. Gestaltungsspielräume werden zu Bindungen. Flexibilität wird zu Auflage. Und Rechnungen, die gestern noch sauber aussahen, beginnen zu kippen – nicht wegen eines Fehlers, sondern weil sich die Regeln geändert haben.

Zeit ist hier kein Schutzfaktor.
Sie ist ein Belastungstest.

Hinzu kommen finanzielle Zeitachsen, die regelmäßig unterschätzt oder bewusst verdrängt werden. Zinsbindungen enden. Anschlussfinanzierungen orientieren sich nicht an alten Versprechen, sondern am aktuellen Markt. Eine Finanzierung, die heute tragbar erscheint, kann bei veränderten Zinsen zu einer dauerhaften Belastung werden, obwohl Objekt, Miete und Nutzung unverändert geblieben sind.

Auch der bauliche Zustand entwickelt sich nicht linear. Instandhaltung lässt sich verschieben, aber nicht vermeiden. Was heute vertagt wird, kehrt später zurück – oft gebündelt, teurer und unter höherem Druck. Zeit sammelt Entscheidungen, und sie präsentiert sie nicht einzeln, sondern auf einmal.

Politische Eingriffe wirken ebenfalls zeitverzögert. Mietpreisbremse, energetische Anforderungen, soziale Ausgleichsmechanismen oder staatliche Eingriffe in den Wohnungsmarkt entstehen nicht über Nacht. Sie bauen sich auf, werden diskutiert, relativiert, verschärft – und entfalten ihre wirtschaftliche Wirkung oft erst dann, wenn Anpassungen kaum noch möglich sind.

Viele Immobilien scheitern nicht an einer schlechten Anfangsrechnung.
Sie scheitern daran, dass sich Regeln ändern und die Struktur das nicht aushält.

Zeit belohnt keine Konstruktionen, die nur unter Idealbedingungen funktionieren. Sie belohnt keine Rechnungen, die niedrige Zinsen, stabile Gesetze, dauerhafte Förderungen und perfekte Auslastung gleichzeitig voraussetzen. Solche Modelle arbeiten nicht mit der Zeit, sie kämpfen gegen sie – und verlieren langsam.

Zeit kann dein Verbündeter sein, wenn Einnahmen nicht bis zum Anschlag ausgereizt sind, wenn Kosten nicht auf Kante kalkuliert werden und wenn finanzielle Puffer existieren, die Abweichungen zulassen, ohne sofort Druck zu erzeugen. Zeit wird aber zum Gegner, wenn steuerliche Effekte wirtschaftliche Substanz ersetzen sollen und wenn Finanzierung, Miete und Kosten keine Luft zum Atmen lassen.

Kapitalanlagen werden durch Zeit nicht besser.
Sie werden ehrlicher.

Was heute kaschiert ist, wird sichtbar.
Was heute kompensiert wird, wird spürbar.
Und was heute ignoriert wird, fordert später Aufmerksamkeit – ungefragt.

Deshalb endet die Prüfung nicht mit dem Kauf. Wer Immobilien als Kapitalanlage hält, muss sie begleiten. Entwicklungen beobachten. Politische Diskussionen ernst nehmen. Marktveränderungen einordnen, bevor sie wirken. Nicht aus Panik, sondern aus Verantwortung.

Zeit belohnt keine Passivität.
Zeit belohnt Aufmerksamkeit.

Und genau hier trennt sich die Kapitalanlage, die geführt wird, von der, die sich selbst überlassen bleibt.

Kapitel 34 – Exit ist Teil der Rechnung

Verkauf, Fristen und Handlungsspielräume

Bei Kapitalanlagen richtet sich der Blick fast immer auf den Einstieg: Kaufpreis, Finanzierung, Mieteinnahmen, steuerliche Wirkung. Das Ende wird ausgeblendet oder in eine ferne Zukunft verschoben, nach dem Prinzip, dass man sich darum kümmert, wenn es irgendwann relevant wird. Diese Trennung ist künstlich. Und sie ist gefährlich.

Denn jede Kapitalanlage hat einen Exit. Immer.
Die einzige offene Frage ist, ob er geplant ist – oder ob man in ihn hineingezogen wird.

Ein Exit entsteht nicht im Moment des Verkaufs. Er entsteht beim Kauf. Durch Objektart, Lage, Struktur, Mietniveau, Mieterstruktur und die Rahmenbedingungen, die festlegen, **wer dieses Objekt später überhaupt kaufen kann** – und zu welchem Preis. Immobilien verkaufen sich nicht an „den Markt". Sie verkaufen sich an einen sehr konkreten Käuferkreis. Und dieser Käuferkreis ist nie beliebig.

Eine vermietete Immobilie mit niedrigen Mieten, langen Bindungen oder eingeschränkten Anpassungsmöglichkeiten spricht einen völlig anderen Käufer an als ein Objekt mit marktnaher Miete, klarer Struktur und nachvollziehbarer Entwicklungsperspektive. Ein steuerlich optimiertes Objekt, das wirtschaftlich nur auf Kante läuft, wird anders wahrgenommen als eine Immobilie, die auch ohne steuerliche Effekte trägt. Das ist keine Theorie, das ist Marktrealität.

Gerade bei Kapitalanlagen wird unterschätzt, wie stark der vermietete Zustand den Exit beeinflusst. Was im Bestand als „stabil" empfunden wird, kann beim Verkauf zur Bremse werden. Nicht, weil Vermietung schlecht wäre, sondern weil sie den Handlungsspielraum des Käufers begrenzt. Ein Käufer übernimmt nicht nur Mauern, sondern Mietverhältnisse, Mietniveaus, gesetzliche Bindungen und strukturelle Einschränkungen – und diese lassen sich nicht kurzfristig auflösen.

Je weiter diese vom Markt entfernt sind, desto kleiner wird der Käuferkreis. Und je kleiner der Käuferkreis, desto härter wirkt das auf den Preis. Das ist kein Verhandlungsthema, das ist Mechanik.

Auch der Zeitpunkt des Exits ist kein neutraler Faktor. Ein Verkauf aus Stärke unterscheidet sich fundamental von einem Verkauf aus Zwang. Wer verkauft, weil er will, kann warten, vergleichen und verhandeln. Wer verkauft, weil er muss, verkauft unter Bedingungen, die selten gut sind. Liquiditätsdruck, familiäre Veränderungen, berufliche Brüche oder politische Eingriffe interessieren den Markt nicht.

In diesem Zusammenhang wird die Zehn-Jahres-Frist oft wie ein Dogma behandelt, als wäre sie eine starre Grenze, hinter der alles erlaubt und davor alles falsch ist. Das ist bequem – und gefährlich. Ein steuerpflichtiger Gewinn ist kein Schaden. Ein späterer Verlust schon. Es kann klug sein, vor Ablauf der Frist zu verkaufen, wenn sich abzeichnet, dass sich Lage, Struktur oder Umfeld nicht in die richtige Richtung entwickeln.

Entwicklungen kippen selten plötzlich. Sie verändern sich langsam, leise und über Jahre. Genau deshalb werden sie verdrängt. Viele halten an Objekten fest, obwohl sie sehen, dass Nachfrage nachlässt, Kosten steigen oder Spielräume schrumpfen – nicht aus Überzeugung, sondern weil die Frist noch nicht erreicht ist. Die Steuer wird zum Argument gegen Handlung, obwohl sie nur eine Zahl ist.

Ein Exit ist deshalb keine Frage von Fristen, sondern von Einordnung. Wie beim Wetter kündigt sich Veränderung an, lange bevor der Sturm da ist. Wer aufmerksam bleibt, kann reagieren, bevor aus einer Verschiebung ein Problem wird.

Kapitalanlagen werden oft so kalkuliert, als gäbe es nur den Idealzustand: jederzeit verkäuflich, zum gewünschten Zeitpunkt, unter günstigen Bedingungen. Die Realität ist härter. Marktphasen wechseln. Zinsen verändern Nachfrage. Regulatorische Eingriffe verschieben Bewertungen. Was heute als begehrte Kapitalanlage gilt, kann morgen deutlich an Attraktivität verlieren – ohne dass sich an der Immobilie selbst etwas verändert hat.

Hinzu kommt die steuerliche Seite des Exits. Abschreibungen, Spekulationsfristen und deren Rückwirkung auf den Verkaufspreis wirken nicht isoliert, sondern im Zusammenspiel. Eine Immobilie, die jahrelang steuerlich optimiert wurde, kann beim Verkauf anders wirken als erwartet, insbesondere dann, wenn die ursprünglichen Annahmen nicht mehr tragen.

Ein Exit ist kein Randthema. Er ist Teil der wirtschaftlichen Gesamtbetrachtung. Eine tragfähige Kapitalanlage funktioniert nicht nur im Bestand, sondern lässt sich auch erklären, wenn sie verkauft werden soll – ohne dass die Rechnung auf Hoffnung, Sonderannahmen oder zukünftige Eingriffe angewiesen ist.

Das bedeutet nicht, dass jede Immobilie auf schnellen Verkauf ausgelegt sein muss. Es bedeutet, dass sie **verkaufbar bleiben sollte**. Ein durchdachter Exit heißt nicht, dass man verkaufen will. Er heißt, dass man verkaufen kann.

Und genau diese Fähigkeit entscheidet darüber, ob eine Kapitalanlage Freiheit schafft – oder Kapital und Handlungsspielraum über Jahre hinweg bindet.

Kapitel 35 – Gebundenes Kapital ist eine Entscheidung

Opportunitätskosten, Flexibilität und verlorene Alternativen

Kapitalanlagen werden häufig so dargestellt, als würde Kapital automatisch „arbeiten“, sobald es in eine Immobilie investiert ist, als sei der Einsatz des Geldes damit erledigt und der restliche Verlauf lediglich eine Frage von Zeit, Verwaltung und etwas Geduld. Diese Vorstellung ist bequem. Und sie ist falsch.

Kapital, das in eine Immobilie fließt, arbeitet nicht frei.
Es ist gebunden.

Gebunden bedeutet nicht nur, dass es nicht kurzfristig verfügbar ist, sondern dass es sich jeder anderen Verwendung entzieht, dass es nicht gleichzeitig reagieren, ausweichen oder umgeschichtet werden kann, wenn sich Rahmenbedingungen verändern oder neue Chancen entstehen. Mit dem Kauf einer Immobilie entscheidet man sich nicht nur für dieses Objekt, sondern gleichzeitig gegen alle Alternativen, die dieses Kapital in derselben Zeit hätte verfolgen können.

Diese entgangenen Möglichkeiten tauchen in keiner Abrechnung auf.
Sie stehen in keiner Steuererklärung.
Sie lassen sich nicht exakt beziffern.

Und sie wirken trotzdem.

Opportunitätskosten entstehen nicht durch einen Fehler.
Sie entstehen durch Bindung.

Eine Immobilie lässt sich nicht teilweise verkaufen, nicht kurzfristig reduzieren und nicht ohne Zeitverzug an neue Situationen anpassen. Entscheidungen wirken träge. Reaktionen brauchen Vorbereitung. Liquidität entsteht nicht auf Knopfdruck. Wer das ignoriert, verwechselt Substanz mit Beweglichkeit.

Diese eingeschränkte Flexibilität ist kein Mangel der Anlageklasse. Sie ist ihre Eigenschaft. Problematisch wird sie erst dann, wenn sie nicht bewusst akzeptiert wird, sondern im Nachhinein als Überraschung empfunden wird.

Kapitalanlagen in Immobilien verlangen Geduld, Planung und die Bereitschaft, Marktzyklen auszuhalten, statt ihnen auszuweichen. Zyklen kommen nicht plötzlich. Sie kommen zuverlässig. Und sie lassen sich nicht umgehen. Wer investiert, entscheidet sich dafür, mit ihnen zu leben – nicht nur dann, wenn sie angenehm sind.

Gerade in Phasen steigender Zinsen, regulatorischer Eingriffe oder wirtschaftlicher Unsicherheit zeigt sich diese Abhängigkeit besonders deutlich. Während andere Anlageformen schneller angepasst, reduziert oder aufgelöst werden können, bleibt die Immobilie bestehen – mit allen Chancen, aber auch mit allen Risiken, die sich aus der jeweiligen Marktphase ergeben. Sie bewegt sich nicht mit dem Markt. Der Markt bewegt sich um sie herum.

Hinzu kommt ein Punkt, der gerne unterschätzt wird: Immobilien sind keine Nebenbei-Investments. Auch wenn Verwaltung ausgelagert wird und Prozesse sauber strukturiert sind, bleibt die Immobilie ein Fokus. Sie bindet Aufmerksamkeit, Entscheidungen und Verantwortung. Fragen zu Mietern, Instandhaltung, Finanzierung, rechtlichen Änderungen oder steuerlicher Wirkung lassen sich nicht vollständig delegieren. Sie kommen zurück. Nicht täglich. Aber regelmäßig. Und immer dann, wenn es unbequem ist.

Gebundenes Kapital verlangt Präsenz.

Das bedeutet nicht, dass Immobilien grundsätzlich unflexibel wären. Es bedeutet, dass ihre Flexibilität anders funktioniert: langsam, strukturell und mit Vorlauf. Wer das akzeptiert, kann es einplanen. Wer es ignoriert, empfindet es später als Einschränkung.

Der entscheidende Punkt ist nicht, ob Kapital gebunden wird.
Der entscheidende Punkt ist, ob diese Bindung zur eigenen Situation passt.

Zum eigenen Zeithorizont. Zu den eigenen Prioritäten. Zur eigenen Risikotragfähigkeit.

Kapital, das gebunden ist, arbeitet nicht überall.
Es arbeitet genau dort.

Und diese Entscheidung sollte nicht beiläufig getroffen werden.

Denn eine Immobilie ist kein Platzhalter für Kapital. Sie ist eine Festlegung. Eine bewusste Einschränkung zugunsten einer bestimmten Erwartung. Kapital, das gebunden ist, steht nicht mehr für andere Wege zur Verfügung – weder für Chancen noch für Korrekturen.

Immobilien als Kapitalanlage sind ein spannendes und vielschichtiges Feld. Sie bieten reale Chancen, langfristige Substanz und Gestaltungsmöglichkeiten, die kaum eine andere Anlageform in dieser Kombination ermöglicht. Gleichzeitig sind sie fehleranfällig. Nicht, weil sie unberechenbar wären, sondern weil sie viele Ebenen gleichzeitig berühren: rechtliche, steuerliche, finanzielle, technische und politische.

Wer in dieses Geschäft einsteigt, entscheidet sich nicht für passives Einkommen.
Er entscheidet sich für Verantwortung.

Für eine Aufgabe, die Aufmerksamkeit verlangt, Einordnung erfordert und die Bereitschaft voraussetzt, sich dauerhaft mit Veränderungen auseinanderzusetzen. Märkte verändern sich. Regeln verändern sich. Und Annahmen, die heute tragen, müssen regelmäßig überprüft werden, ob man will oder nicht.

Das fortlaufende Beschäftigen mit diesen Themen ist keine Option, die man wählen kann oder nicht. Es ist Voraussetzung dafür, dass aus einer Kapitalanlage ein tragfähiges Ergebnis entsteht.

Immobilien funktionieren nicht nebenbei.
Sie funktionieren dort, wo Verantwortung übernommen wird.

Kapitel 36 – Kapitalanlagen sind kein Versprechen

Warum Immobilien nicht das sind, wofür sie verkauft werden

Kapitalanlagen werden verkauft wie Lösungen.
Wie Antworten auf Unruhe, auf Abhängigkeit, auf das Gefühl, festzustecken.
Sie werden präsentiert als Ausweg aus dem Hamsterrad, als Weg zu Freiheit, zu Sicherheit, zu planbarem Vermögen, das irgendwann leise im Hintergrund arbeitet, während man selbst weniger muss und mehr darf.

Dieses Bild ist wirksam.
Und es ist gefährlich.

Nicht, weil Immobilien grundsätzlich nicht funktionieren würden, sondern weil sie unter falschen Erwartungen gekauft werden.
Weil sie als Produkt vermarktet werden, obwohl sie eine Aufgabe sind.
Und weil viele Käufer nicht scheitern, weil sie sich falsch rechnen, sondern weil sie sich etwas versprechen lassen, das Immobilien strukturell nicht leisten können.

Kapitalanlagen sind kein Versprechen.
Sie sind eine Verpflichtung.

Wer hier einfach vertraut, weil er ein Ziel hat – Zukunft aufbauen, Vermögen schaffen, dem Hamsterrad entkommen – erreicht oft genau das Gegenteil.
Nicht, weil das Ziel falsch wäre, sondern weil der Weg dorthin nicht abkürzbar ist.
Immobilien verzeihen keine Abkürzungen.
Und sie bestrafen Wunschdenken nicht sofort, sondern zeitversetzt.

Genau hier trennt sich Kalkulation von Realität.
Genau hier trennt sich Wunschdenken und Schönrechnen von der Wirklichkeit.

In Verkaufsnarrativen wirken Immobilien passiv.
In der Praxis sind sie träge.
Sie reagieren langsam, sie binden Kapital, sie verlangen Entscheidungen, und sie verzeihen Fehler nicht durch Tempo, sondern durch Dauer.
Was heute noch tragbar erscheint, kann sich über Jahre zu einer dauerhaften Belastung entwickeln, ohne jemals spektakulär zu scheitern.

Kapitalanlagen werden häufig so dargestellt, als müsse man nur das richtige Objekt finden, die richtige Finanzierung wählen und die richtige steuerliche Struktur nutzen, um den Rest der Zeit auf seiner Seite zu haben.
Als sei Zeit automatisch der Verbündete dessen, der gekauft hat.
Als würde Geduld allein reichen.

Zeit ist neutral.
Sie verstärkt nur das, was bereits da ist.

Eine saubere Struktur wird stabiler.
Eine knappe Rechnung wird enger.
Eine falsche Annahme wird teurer.

Was in der Vermarktung fast immer fehlt, ist der Hinweis darauf, dass Immobilien kein geschlossenes System sind.
Sie hängen an Menschen.
An Mietern mit Lebensverläufen, die nicht planbar sind.
An politischen Entscheidungen, die nicht angekündigt werden.
An rechtlichen Rahmenbedingungen, die sich verschieben können, ohne Rücksicht auf individuelle Kalkulationen.

Als Vermieter wird man Teil fremder Geschichten.
Nicht freiwillig, aber real.
Arbeitslosigkeit, Krankheit, Trennung, Unfälle oder der Tod eines Mieters sind keine theoretischen Risiken, sondern reale Einschnitte, die Zahlungsfähigkeit verändern und Entscheidungen erzwingen können.
Manchmal ist eine Mieterhöhung rechnerisch notwendig, um die eigene Kalkulation zu stabilisieren, und gleichzeitig menschlich kaum durchsetzbar, weil sie eine ohnehin belastete Lebenssituation weiter verschärfen würde.

Das ist kein moralisches Argument.
Es ist eine Realität, die wirkt – ob man sie einpreist oder nicht.

Hinzu kommt, dass viele Mieteinnahmen nicht aus eigener wirtschaftlicher Leistungsfähigkeit der Mieter stammen, sondern ganz oder teilweise aus staatlichen Leistungen.
Auch das wird gern als Stabilität verkauft.
In Wahrheit entsteht hier eine weitere Abhängigkeitsebene.
Denn in diesem Fall hängt die Tragfähigkeit der Miete nicht nur am Objekt und

nicht nur am Mieter, sondern auch an politischen Entscheidungen, Haushaltslagen und Prioritäten, die sich verändern können.

Mietpreisbremsen, Kappungsgrenzen und Einschränkungen bei Neuvermietung zeigen sehr deutlich, dass der Staat bereits in den Markt eingegriffen hat – nicht hypothetisch, sondern real.
Diese Eingriffe sind erfolgt.
Und sie zeigen, dass weitere Eingriffe grundsätzlich möglich sind.
Nicht, weil sie angekündigt wären, sondern weil die Grenze bereits überschritten wurde.

Auch bei zu niedrigen Mieten ist die Realität weit entfernt von den Versprechen.
Bestehende Mietverhältnisse lassen sich nicht beliebig anpassen.
Erhöhungen sind rechtlich begrenzt, zeitlich gestreckt und sozial gebunden.
Der Weg zur ortsüblichen Vergleichsmiete kann Jahre dauern.
Einfach kündigen und neu vermieten ist keine Option.
Zeit, die in Verkaufsrechnungen oft ignoriert wird, kostet hier bares Geld.

Und dann ist da noch das gebundene Kapital.
Immobilien machen nicht beweglich.
Sie machen fest.
Wer investiert, entscheidet sich nicht nur für ein Objekt, sondern gegen alle Alternativen, die dieses Kapital in derselben Zeit hätte verfolgen können.
Diese entgangenen Möglichkeiten tauchen in keiner Renditerechnung auf, wirken aber dennoch.

Immobilien funktionieren.
Aber nur mit eigenem Wissen.
Kein Investor ist dort angekommen, wo er steht, weil er Abkürzungen genommen hat.
Und niemand, der wirklich erfolgreich ist, hätte diesen Weg ohne eigene Auseinandersetzung, eigene Fehler und eigenes Lernen geschafft – egal, wie gern dieses Wissen heute in Coachings verpackt wird.

Kapitalanlagen sind kein passives Einkommen.
Sie sind aktive Verantwortung mit verzögerter Rückmeldung.
Sie verlangen Aufmerksamkeit, Einordnung und die Bereitschaft, Annahmen immer wieder zu überprüfen, auch dann, wenn es unbequem ist.

Wer Immobilien kauft, kauft kein Versprechen.
Er kauft ein Spielfeld.
Mit Regeln.
Mit Grenzen.
Und mit Konsequenzen.

Dieses Kapitel soll nicht abschrecken.
Es soll entzaubern.
Denn erst dort, wo Erwartungen mit Realität übereinstimmen, kann eine Kapitalanlage das werden, was sie sein kann:
kein Heilsversprechen – sondern ein tragfähiger Bestandteil eines größeren Plans.

Eigentum ist keine Entscheidung.
Es ist Verantwortung

TEIL VIII – Freiheit & Haltung

Kapitel 37 – Eigentum macht nicht frei.

Verantwortung macht frei

Warum Besitz bindet – und Verständnis handlungsfähig macht

Viele kaufen Immobilien, weil sie Freiheit suchen. Raus aus der Miete. Rein ins Eigentum. Sicherheit. Kontrolle. Unabhängigkeit. Doch Eigentum selbst macht niemanden frei. Es bindet. Es verpflichtet. Es fordert. Frei macht nicht Besitz. Frei macht Verständnis.

Eigentum ist kein Rettungsboot – es ist ein Verantwortungsanker

Eine Immobilie trägt dich nicht. Du trägst sie. Technisch. Finanziell. Rechtlich. Zeitlich. Emotional. Vor allem trägst du die Verantwortung, Entscheidungen zu treffen, bevor sie dir andere abnehmen.

Wer Eigentum als Belohnung betrachtet, gerät unter Druck, sobald etwas nicht nach Plan läuft. Wer Eigentum als Aufgabe versteht, rechnet mit Reibung – und bleibt handlungsfähig.

Freiheit entsteht durch Klarheit – nicht durch Besitz

Viele glauben, eine abbezahlte Immobilie sei Freiheit. In Wahrheit ist Freiheit, zu verstehen, was man unterschreibt, zu wissen, welche Spielräume man hat, zu erkennen, wann Handeln nötig ist und wann Abwarten klüger ist.

Frei ist nicht, wer alles macht. Frei ist, wer weiß, warum er etwas tut – oder bewusst lässt.

Die Illusion vom Auslagern

„Das macht der Architekt."
„Das regelt die Hausverwaltung."
„Die Bank sagt dir schon, was geht."

Das klingt effizient. Ist aber falsch. Diese Menschen sind nicht schlecht. Aber sie entscheiden nicht aus deinem Leben heraus. Sie kennen nicht deine Ziele, deine Liquiditätsgrenzen, deinen Zeithorizont, deine Risikoakzeptanz, deine familiäre Situation.

Gibst du Verantwortung ab, zahlst du später nicht nur Geld, sondern für fremde Entscheidungen, deren Folgen nur dich treffen.

Warum Auslagern bei manchen funktioniert – und bei den meisten nicht.

Bei denen, bei denen es funktioniert, gibt es viele Immobilien, hohe Rücklagen, Bankstrukturen, verkraftbare Verluste und hohes Einkommen. Was leicht aussieht, ist fast immer Puffer. Das ist kein Einstiegspunkt. Das ist ein Ergebnis.

Die unbequeme Wahrheit über „die Großen“

Fast niemand ist so gestartet. Ohne großes Erbe gilt fast immer: Am Anfang haben sie alles selbst gemacht. Sie haben selbst gerechnet, selbst geprüft, selbst verhandelt, selbst Fehler gemacht, selbst gelernt.

Delegation kam nach Verständnis, nicht davor. Wer diesen Schritt überspringen will, überspringt nicht Arbeit – sondern Stabilität.

Glücksgriffe existieren – aber sie sind kein System

Ja, es gibt sie. Die perfekten Deals. Die problemlosen Objekte. Sie sind selten. Unplanbar. Nicht reproduzierbar. Ein Sechser im Lotto ist möglich. Aber niemand baut darauf ein Leben. Immobilien sind kein Shortcut. Auch wenn sie so verkauft werden.

Klartext

Eigentum ist kein Freiheitsversprechen. Es ist ein Vertrag mit der Realität. Frei ist nicht, wer viel besitzt. Frei ist, wer versteht, was er tut, welche Optionen er hat, welche Risiken er trägt und wann es klug ist, nichts zu tun.

Wer Verantwortung übernimmt, kann delegieren – aber nie blind. Wer Verantwortung abgibt, zahlt später doppelt. Nicht zuerst mit Geld. Sondern mit Kontrollverlust.

Kapitel 38 – Klarheit statt Komfort

Warum die Wahrheit selten angenehm ist – aber immer billig

Die meisten Menschen kaufen Immobilien im Komfortmodus. Sie suchen Bestätigung. Reibungslosigkeit. Ein gutes Gefühl. Komfort fühlt sich gut an. Klarheit fühlt sich unbequem an. Und genau deshalb verwechseln viele das eine mit dem anderen.

Komfort ist die erste Illusion – und die teuerste

Komfort sagt: „Das wird schon passen."
Klarheit sagt: „Zeig mir die Zahlen."

Komfort sagt: „Die regeln das."
Klarheit sagt: „Wer trägt die Konsequenzen?"

Komfort vermeidet Verantwortung. Klarheit ordnet sie zu. Die meisten Käufer scheitern nicht an Objekten, sondern an ihrem Wunsch, es sich leicht zu machen.

Die Fragen, die niemand hören will – aber jeder bezahlt

Unabhängig davon, ob es sich um eine Eigentumswohnung oder ein Haus handelt, bleiben die entscheidenden Fragen gleich:
Was kostet dieses Objekt real in den nächsten zehn bis fünfzehn Jahren?
Wer entscheidet hier tatsächlich?
Welche Konflikte schwelen bereits unter der Oberfläche?
Wo fehlen Rücklagen – und warum?
Welche Sanierungen sind absehbar, aber vertagt?
Was passiert, wenn sich Rahmenbedingungen ändern?

Diese Fragen sind unbequem. Aber sie sind billig. Teuer wird es erst, wenn man sie nicht stellt.

Komfort verschiebt Schmerz – Klarheit begrenzt ihn

Komfort schützt nicht. Er verzögert. Klarheit tut einmal weh. Komfort tut immer weh – nur später und stärker. Viele kaufen ein gutes Gefühl und wundern sich, dass die Realität sich nicht daran hält.

Der Markt entscheidet immer – die Frage ist nur wann

Ob du willst oder nicht: Regeln wirken. Technik altert. Gesetze ändern sich. Mehrheiten entscheiden. Gebäude fordern Geld. Klarheit bedeutet zu erkennen, welche Entscheidungen faktisch schon gefallen sind, bevor du unterschreibst. Komfort bedeutet, sie zu ignorieren und sich später als Opfer zu fühlen.

Klarheit schützt vor Menschen – nicht vor Mauern.

Gebäude sind ehrlich. Man muss nur hinsehen. Menschen dagegen beschönigen, relativieren, erzählen ihre Version der Realität, verkaufen Hoffnung und reden Verantwortung klein. Nicht aus Bosheit. Sondern aus Eigenlogik. Klarheit ist kein Misstrauen. Klarheit ist Selbstachtung.

Klartext

Komfort ist der billigste Einstieg und der teuerste Ausstieg. Klarheit ist der schwerste Einstieg und der günstigste Ausstieg.

Die Frage ist nicht, wie angenehm der Kaufprozess ist. Die Frage ist: Willst du dich gut fühlen – oder langfristig stabil sein?

Wer Klarheit wählt, kauft Tragfähigkeit. Wer Komfort wählt, kauft Hoffnung. Und Hoffnung ist bei Immobilien die teuerste Währung.

Kapitel 39 – Warum dieses Buch keine Empfehlungen gibt

Und warum das kein Mangel, sondern Absicht ist

Viele Leser erwarten irgendwann eine Empfehlung. Eine Stadt, eine Lage, einen Preisbereich, ein klares „Hier kannst du kaufen“ oder „Davon lass die Finger“. Dieses Buch gibt das bewusst nicht. Nicht aus Bequemlichkeit, nicht aus Ausweichen und nicht, weil man sich nicht festlegen will, sondern weil Empfehlungen im Immobilienbereich fast immer falsche Sicherheit erzeugen.

Märkte verändern sich, Städte verändern sich, Lagen verändern sich – und vor allem verändern sich Menschen. Was heute als sicher, begehrt oder alternativlos gilt, kann in wenigen Jahren an Attraktivität verlieren, nicht weil etwas objektiv schlecht geworden ist, sondern weil sich Wahrnehmung, Lebensrealitäten, politische Rahmenbedingungen oder gesellschaftliche Dynamiken verschieben. Das lässt sich aktuell gut an Städten wie Berlin beobachten. Für viele war Berlin lange mehr als ein Ort, es war ein Lebensgefühl und ein Versprechen. Genau deshalb sind viele dorthin gezogen, und genau deshalb ziehen heute auch wieder Menschen weg, mit der nüchternen Feststellung, dass es nicht mehr die Stadt ist, wegen der sie gekommen sind. Das bedeutet nicht, dass Berlin schlecht ist. Es bedeutet nur, dass Orte nicht statisch sind und Empfehlungen altern.

Dasselbe gilt für Kaufpreise, Stadtteile und ganze Regionen. Ein Preis kann günstig wirken und trotzdem nicht passen. Eine Lage kann „schlecht geredet“ werden und für einen bestimmten Menschen genau richtig sein. Und eine hochgelobte Gegend kann zur Belastung werden, wenn sie nicht zur eigenen Lebensrealität passt. Empfehlungen blenden diesen Punkt systematisch aus. Sie tun so, als gäbe es objektiv richtige Orte, richtige Preise und richtige Entscheidungen – unabhängig von Zeit, Persönlichkeit, Lebensphase, finanzieller Struktur oder persönlicher Belastbarkeit. Das ist bequem. Und falsch.

Dieses Buch arbeitet deshalb nicht mit Empfehlungen, sondern mit Mechaniken. Nicht mit Versprechen, sondern mit Prüfungen. Nicht mit „kaufen oder nicht kaufen“, sondern mit der Frage, ob etwas zu dir passt. Eine Immobilie ist nie nur ein Objekt. Sie ist immer eine Kombination aus Ort, Zeit, Rahmenbedingungen und Mensch, und genau diese Kombination lässt sich nicht pauschal empfehlen.

Wer Empfehlungen sucht, sucht Entlastung. Wer Klarheit sucht, übernimmt Verantwortung. Dieses Buch will dich nicht führen, es will dich befähigen. Nicht, indem es dir sagt, was richtig ist, sondern indem es dir zeigt, woran Entscheidungen scheitern, wenn man sie auslagert. Nicht, indem es Sicherheit vorgaukelt, sondern indem es hilft, eigene Maßstäbe zu entwickeln. Denn am Ende lebst nicht der Markt mit der Immobilie, nicht die Statistik, nicht der Berater. Du lebst damit. Und genau deshalb endet dieses Buch nicht mit einer Empfehlung, sondern mit etwas Unbequemerem: der Aufforderung, selbst zu entscheiden – informiert, nüchtern und ohne Ausreden.

Kapitel 40 – Warum kluge Menschen falsche Immobilien kaufen

Psychologie, Sicherheit und Selbsttäuschung

Fehlentscheidungen im Immobilienbereich entstehen selten aus mangelnder Intelligenz oder fehlendem Fachwissen. In der Regel entstehen sie aus einem tief verankerten menschlichen Bedürfnis: dem Wunsch nach Sicherheit. Dieses Bedürfnis ist weder irrational noch verwerflich. Es ist ein Grundmechanismus menschlichen Handelns. Genau deshalb entfaltet es in komplexen, langfristigen Entscheidungen eine besondere Wirkung.

Immobilien bieten sich als Projektionsfläche für dieses Sicherheitsbedürfnis in besonderem Maße an. Sie sind sichtbar, greifbar und vertraut. Man kann sie betreten, bewerten, vergleichen. Man kann Zahlen danebenlegen, Gutachten einholen und Meinungen sammeln. All das erzeugt ein Gefühl von Kontrolle. Dieses Gefühl entsteht nicht zufällig, sondern als Ergebnis vieler kleiner Bestätigungen, die sich zu einer scheinbar stabilen Entscheidungsgrundlage verdichten.

Problematisch wird dieses Gefühl dort, wo Kontrolle mit Sicherheit verwechselt wird. Kontrolle entsteht nicht durch die Menge an Informationen, sondern durch das Verständnis ihrer Zusammenhänge. Genau diese Zusammenhänge bleiben jedoch häufig im Hintergrund, weil sie schwer zu greifen, kaum messbar und emotional unbequem sind.

Viele Käufer gehen implizit davon aus, dass das, was lange funktioniert hat, auch weiterhin funktionieren wird. Diese Annahme ist menschlich, aber sie ist kein belastbares Argument. Vergangenheit wird dabei nicht als Erfahrung verstanden, sondern als stillschweigende Garantie für die Zukunft. Je länger ein Markt stabil war, desto weniger wird hinterfragt, warum diese Stabilität überhaupt möglich war.

Hinzu kommt eine systematische Verzerrung in der Wahrnehmung von Risiken. Risiken, die sich beziffern lassen, wirken beherrschbar. Zinsen, Kosten, Instandhaltung oder Steuern lassen sich kalkulieren, vergleichen und in Modelle integrieren. Risiken hingegen, die sich nicht eindeutig quantifizieren lassen, werden als diffus wahrgenommen. Politische Entscheidungen, regulatorische Eingriffe oder gesellschaftliche Verschiebungen entziehen sich einer sauberen Rechnung und werden daher häufig relativiert oder ausgeblendet.

Diese Verschiebung ist kein Zeichen von Unvernunft. Sie ist Ausdruck eines Denkens, das auf Berechenbarkeit angewiesen ist. Das Ergebnis ist jedoch eine gefährliche Gewichtung: Das Berechenbare wird überbetont, das Nicht-Berechenbare unterschätzt. Entscheidungen wirken rational, obwohl sie in hohem Maße psychologisch motiviert sind. Man entscheidet sich nicht für das belastbarste Szenario, sondern für dasjenige, das innerlich beruhigt.

Ein weiterer Aspekt liegt in der Verteilung von Verantwortung. Je komplexer eine Entscheidung ist, desto größer wird die Versuchung, Verantwortung aufzuteilen. Berater, Banken und Gutachter liefern Einschätzungen, Perspektiven und Empfehlungen. Jede dieser Rollen erfüllt eine Funktion, doch keine von ihnen trägt die Entscheidung als Ganzes. Diese liegt am Ende immer bei der Person, die unterschreibt. Diese Tatsache wird selten bewusst verdrängt, sondern vielmehr emotional abgefedert. Zustimmung ersetzt Zweifel, Übereinstimmung ersetzt Klarheit.

Besonders trügerisch ist die Verwechslung von Wahrscheinlichkeit mit Sicherheit. Was als unwahrscheinlich gilt, wird innerlich häufig als unmöglich abgespeichert. Gerade bei langfristigen Entscheidungen ist diese Verschiebung fatal. Immobilien überdauern Konjunkturzyklen, politische Mehrheiten und persönliche Lebensphasen. Je länger eine Entscheidung wirkt, desto weniger schützt eine niedrige Eintrittswahrscheinlichkeit vor ihren Konsequenzen.

Viele Käufer unterschätzen nicht einzelne Risiken, sondern die Zeit, über die diese Risiken wirken können. Eine Immobilie kann über Jahre problemlos funktionieren und dennoch unter veränderten Rahmenbedingungen kippen, ohne dass sich das Objekt selbst verändert hat. Dieses Risiko ist schwer greifbar, weil es nicht sichtbar ist und sich nicht ankündigt. Es entsteht aus der Kombination von Zeit und Systemveränderung.

Wer Immobilien wirklich verstehen will, muss daher weniger über Objekte wissen und mehr über menschliches Denken. Nicht, weil Fakten unwichtig wären, sondern weil Fakten immer interpretiert werden. Solange Sicherheit gesucht wird, wird Denken angepasst. Erst wenn Unsicherheit ausgehalten wird, entsteht Klarheit. Genau an diesem Punkt beginnt echte Prüfung – nicht am Objekt, sondern beim eigenen Denken.

Kapitel 41 – Zeit ist kein neutraler Faktor

Warum lange Haltedauer kein Schutz ist

Zeit wird im Zusammenhang mit Immobilien häufig als Verbündeter betrachtet. Eine lange Haltedauer gilt als Schutz, Geduld als Strategie, Aussitzen als Kompetenz. Diese Sichtweise ist tief verankert und gesellschaftlich akzeptiert. Sie ist jedoch trügerisch. Zeit ist kein neutraler Faktor, der Entscheidungen stabilisiert. Sie verstärkt lediglich das, was bereits angelegt ist.

Eine Immobilie funktioniert nicht wegen der Zeit, sondern unter bestimmten Bedingungen. Zeit wirkt nicht linear. Sie fügt einer Entscheidung keine Ruhe hinzu, sondern Komplexität. Je länger ein Objekt gehalten werden soll, desto mehr Ebenen greifen in seine Entwicklung ein. Diese Ebenen wirken nicht gleichzeitig, sondern versetzt. Genau dadurch werden sie unterschätzt.

Regeln ändern sich selten abrupt, aber sie ändern sich. Märkte bleiben oft lange stabil, bevor sie kippen. Gesellschaftliche Prioritäten verschieben sich schrittweise und entfalten ihre Wirkung erst mit Verzögerung. Zeit sorgt dafür, dass diese Veränderungen nicht als Ereignisse wahrgenommen werden, sondern als schleichende Prozesse. Das macht sie schwer erkennbar und noch schwerer bewertbar.

Viele Käufer planen mit Zeit, als wäre sie eine konstante Größe. Zehn, zwanzig oder dreißig Jahre erscheinen greifbar, während das, was diese Zeiträume tatsächlich enthalten, kaum reflektiert wird. Ein Zeitraum ist jedoch keine Sicherheit. Er ist eine Abfolge von Zuständen, deren Stabilität niemand garantieren kann. Je länger der Zeitraum, desto größer die Anzahl der Annahmen, die stillschweigend akzeptiert werden müssen.

Zeit verleiht Entscheidungen keine Stabilität, sie entzieht ihnen Übersicht. Was heute als Ausnahme gilt, kann sich über Jahre zur Normalität entwickeln. Was heute tragbar erscheint, kann durch die Addition weiterer Faktoren kippen. Diese Dynamik wird häufig unterschätzt, weil sie sich nicht in einzelne Kostenpositionen zerlegen lässt. Zeit erzeugt keine Rechnungsposten, sie erzeugt Abhängigkeiten.

Je länger eine Immobilie gehalten wird, desto stärker ist sie den Rahmenbedingungen ausgesetzt, unter denen sie existiert. Nicht dem Gebäude selbst, sondern dem Umfeld. Deshalb ist Zeit kein Sicherheitsargument, sondern ein Risikoverstärker. Nicht, weil sie negativ wäre, sondern weil sie Veränderung unvermeidlich macht.

Eine Entscheidung, die nur unter stabilen Bedingungen funktioniert, wird mit zunehmender Zeit fragiler. Nicht sofort, aber unausweichlich. Wer Zeit als Puffer betrachtet, plant nicht langfristig, sondern hofft langfristig. Zeit ist keine Laufzeit, sie ist eine Belastungsprobe. Sie zeigt nicht, ob eine Entscheidung gut war, sondern unter welchen Bedingungen sie noch trägt.

Kapitel 42 – Verantwortung ist kein Rollenmodell

Warum Entscheiden nicht delegierbar ist

Immobilienentscheidungen entstehen selten isoliert. Sie sind eingebettet in Gespräche, Bewertungen und Empfehlungen. Käufer sprechen mit Beratern, Berater mit Banken, Banken mit Gutachtern, Verkäufer mit Maklern. Dieses Zusammenspiel erzeugt ein Gefühl von Absicherung. Nicht, weil alle Beteiligten dieselbe Verantwortung tragen, sondern weil Verantwortung verteilt erscheint.

Genau hier entsteht eine der hartnäckigsten Illusionen im Immobilienbereich. Verantwortung lässt sich nicht aufteilen. Sie lässt sich nur verschleiern. Jeder Beteiligte erfüllt seine Rolle korrekt, innerhalb der ihm gesetzten Grenzen. Der Berater informiert, die Bank prüft ihre Risiken, der Gutachter bewertet den Zustand, der Verkäufer vertritt seine Interessen. Doch keine dieser Rollen trägt die Entscheidung als Ganzes.

Diese liegt immer bei der Person, die unterschreibt.

Je komplexer eine Entscheidung wird, desto größer ist die Versuchung, sich abzustützen. Zusätzliche Meinungen werden eingeholt, weitere Einschätzungen eingeholt, mehr Stimmen gehört. Nicht, um Klarheit zu schaffen, sondern um Zweifel zu dämpfen. Übereinstimmung wird mit Richtigkeit verwechselt. Bestätigung ersetzt Urteilskraft.

Hinzu kommt die entlastende Wirkung systemischer Sprache. Begriffe wie „marktüblich“, „bankseitig vorgegeben“ oder „gängige Praxis“ verschieben Verantwortung vom Individuum auf das System. Entscheidungen wirken dadurch weniger persönlich, weniger angreifbar, weniger endgültig. Doch Systeme entscheiden nicht. Menschen entscheiden innerhalb von Systemen.

Besonders trügerisch ist die zeitliche Verschiebung von Verantwortung. Entscheidungen werden heute getroffen, ihre Konsequenzen treten jedoch oft erst Jahre später zutage. Zu diesem Zeitpunkt haben sich Rollen verändert, Ansprechpartner gewechselt, Rahmenbedingungen verschoben. Was bleibt, ist die Entscheidung selbst – und die Bindung, die sie erzeugt.

Immobilien sind langfristige Verpflichtungen. Nicht nur finanziell, sondern mental. Sie binden Aufmerksamkeit, Ressourcen und Handlungsfreiheit. Je stärker diese Bindung, desto wichtiger wird die Frage, wer die Entscheidung innerlich getragen hat. Nicht formal, sondern bewusst.

Ein belastbares Zeichen für eine tragfähige Entscheidung ist daher nicht Sicherheit, sondern Klarheit darüber, wer Verantwortung übernimmt – auch dann, wenn sich Bedingungen ändern. Dieses Buch kann diese Verantwortung nicht abnehmen. Es kann lediglich sichtbar machen, wo sie beginnt und wo sie endet. Nicht bei Banken, nicht bei Beratern, nicht bei Märkten. Sondern beim Entscheider selbst.

Kapitel 43 – Warum der Verweis auf Ausnahmen trügerisch ist

Was USA 2008 wirklich lehrt – und was nicht

Wenn Risiken im Immobilienmarkt thematisiert werden, folgt häufig eine reflexhafte Abgrenzung. Sie ist ruhig, selbstsicher und oft genervt formuliert. „Das kann hier nicht passieren." „Unser System ist anders." „Wir sind nicht die USA." Diese Aussagen sind nicht dumm. Sie sind nachvollziehbar. Genau deshalb wirken sie.

Der Verweis auf die Immobilienkrise in den USA ab 2008 wird häufig als Extrembeispiel verstanden. Als Sonderfall, verursacht durch spezifische Fehlentwicklungen: Subprime-Kredite, Verbriefungen, Fehlanreize. Diese Einordnung ist sachlich korrekt, greift jedoch zu kurz. Sie fokussiert auf Mechanismen, nicht auf Dynamiken.

Die eigentliche Lehre aus 2008 liegt nicht in den Details der Kreditvergabe, sondern in der Überschätzung systemischer Stabilität. Auch dort galt Immobilienbesitz lange als sicher. Auch dort wurde argumentiert, dass Wohnraum immer gefragt sei und Korrekturen regional begrenzt blieben. Diese Überzeugungen waren historisch begründet und gerade deshalb so wirksam.

Systeme kippen selten, weil sie schlecht konstruiert sind. Sie kippen, weil ihre Stabilität überschätzt wird. Langfristige Stabilität erzeugt Vertrauen, Vertrauen erzeugt Ausweitung, Ausweitung erzeugt Abhängigkeit. Abhängigkeit reduziert Wachsamkeit. Irgendwann reicht dann eine Veränderung, die für sich genommen beherrschbar wäre.

Der entscheidende Punkt ist nicht, ob sich ein solcher Verlauf exakt wiederholt. Er wird es nicht. Der entscheidende Punkt ist, dass viele Menschen glauben, ihr eigenes System sei immun gegen Dynamiken, die anderswo sichtbar geworden sind. Diese Annahme entsteht aus Vergleich, nicht aus Analyse.

„Bei uns sind die Banken solider." „Bei uns gibt es strengere Regeln." „Bei uns ist die Nachfrage stabiler." All das mag zutreffen. Dennoch sagt es wenig darüber aus, wie ein System auf gleichzeitige Belastungen reagiert. Systeme geraten nicht durch einzelne Ereignisse unter Druck, sondern durch die Kombination mehrerer Entwicklungen.

Der Gedanke, dass ein ähnlicher Verlauf auch hier möglich wäre, ist keine Prognose. Er ist eine Denkübung. Nicht im Sinne von „so wird es kommen", sondern im Sinne von „unter welchen Bedingungen könnte es kippen". Diese Frage wird selten gestellt, weil sie keine beruhigende Antwort liefert.

Die Aussage „das trifft uns nicht" ist keine Analyse. Sie ist eine Hoffnung. Hoffnung mag trösten, aber sie ist kein tragfähiges Fundament für langfristige Entscheidungen.

Kapitel 44 – Was man erst sieht, wenn es zu spät ist

Wiederkehrende Muster aus der Realität

Viele Probleme im Immobilienbereich entstehen nicht plötzlich. Sie entwickeln sich schleichend. Im Rückblick wirken sie offensichtlich, im Entscheidungsprozess dagegen nebensächlich. Das liegt nicht an mangelnder Intelligenz, sondern an der Art, wie Menschen Risiken wahrnehmen.

Ein häufiges Muster beginnt mit dem Satz: „Das haben wir geprüft." Gemeint ist damit selten eine umfassende Betrachtung. Meist wurden bekannte Punkte abgearbeitet: Zustand, Preis, Vergleichswerte, Finanzierung. Was keinen festen Platz im Prüfprozess hat, fällt nicht auf.

Risiken werden erwähnt, aber abstrakt gehalten. „Das wird man sehen." „Da kann man reagieren." Diese Formulierungen suggerieren Handlungsspielraum, verschweigen jedoch den Zeitpunkt, zu dem Reaktion noch möglich wäre. Viele Risiken entfalten ihre Wirkung erst dann, wenn der Spielraum bereits verloren ist.

Belastungen werden zudem isoliert betrachtet. Steigende Kosten hier, neue Regeln dort, veränderte Nachfrage an anderer Stelle. Jede Entwicklung für sich erscheint beherrschbar. In Kombination werden sie selten gedacht. Systeme reagieren jedoch nicht auf Einzelereignisse, sondern auf Summen.

Ein weiteres Muster zeigt sich im Umgang mit Beratung. Beratung wird als Absicherung verstanden, nicht als Perspektive. Was ein Berater nicht anspricht, wird innerlich als unkritisch eingeordnet. Vertrauen ersetzt Prüfung. Dabei sehen Berater Ausschnitte, während Systeme als Ganzes wirken.

Zeit verstärkt diese Effekte. Wenn eine Immobilie über Jahre funktioniert, werden Zweifel leiser und Annahmen fester. Erfolg wird rückwirkend als Beweis für Richtigkeit interpretiert. Dabei sagt Erfolg oft nur aus, dass Bedingungen bisher nicht kritisch geworden sind.

Auch Exit-Vorstellungen gehören zu diesen Mustern. Viele Käufer haben klare Bilder davon, wie sie eine Immobilie wieder verlassen können. Was selten geprüft wird, ist das Umfeld, in dem dieser Exit stattfinden müsste. Ein Exit ist keine Eigenschaft des Objekts, sondern eine Funktion von Markt, Recht und Nachfrage.

Wenn Probleme sichtbar werden, lautet ein häufiger Satz: „Damit konnte man nicht rechnen." In den meisten Fällen hätte man rechnen können. Man wollte nur nicht, weil die Konsequenz unbequem gewesen wäre. Diese Muster sind menschlich. Gefährlich werden sie, wenn sie sich überlagern.

Kapitel 45 – Die 12 Minenfeld-Regeln für Käufer

Zwölf Sätze, die dir mehr Geld sparen als jede Verhandlung

Regeln schützen nicht vor Risiken. Sie schützen vor Blindheit. Und Blindheit ist der Hauptgrund, warum Menschen Immobilien kaufen, die nie zu ihnen gepasst haben.

Diese Regeln sind kein Kurs. Keine Motivation. Kein Versprechen. Sie sind Orientierung. Klar. Kalt. Konsequent.

Regel 1
Verliebe dich nie in ein Objekt, bevor du die Unterlagen gesehen hast. Schönheit lässt sich fotografieren. Wahrheit nicht.

Regel 2
Kaufe nichts, das du nicht verstehst. Unwissen ist keine Ausrede. Nur eine Rechnung, die später kommt.

Regel 3
Wenn ein Dokument fehlt, fehlt ein Teil der Wahrheit. Fehlende Unterlagen sind kein Zufall. Sie sind ein Hinweis.

Regel 4
Bewerte nicht, was du siehst – bewerte, was du unterschreibst. Die Immobilie zeigt dir Räume. Der Vertrag zeigt dir die Realität.

Regel 5
Glaube keinem Satz, der mit „wird schon" beginnt. „Wird schon passen" ist kein Argument. Es ist ein Alibi für Nicht-Wissen, das du übernimmst.

Regel 6
Die Lage ist kein Gefühl. Sie ist ein Prognosetest. Frage nicht, wie es heute ist. Frage, was dieser Ort in zehn Jahren mit dir macht.
Regel 7
Eine Finanzierung ist erst sicher, wenn jede Unterlage geprüft ist. Eine mündliche Aussage ist keine Sicherheit. Eine E-Mail auch nicht.

Regel 8
Eine Eigentümergemeinschaft ist ein System – kein Freundeskreis. Du musst niemanden mögen. Du musst nur wissen, wie entschieden wird.

Regel 9
Billig ist teuer, wenn die Rücklagen fehlen. Wer heute spart, zahlt morgen doppelt.

Regel 10
Kaufe nur, was du auch in schlechten Jahren halten kannst. Wenn es nur funktioniert, solange alles gut läuft, funktioniert es nicht.

Regel 11
Glaube niemandem, der dir Wohlstand verspricht. Sie leben davon, dass du ihre Zahlen nicht prüfst. Ein seriöser Vermittler zeigt dir Baustellen. Ein Blender zeigt dir nur den Schein.

Regel 12
Klarheit geht vor Komfort – immer. Komfort beruhigt. Klarheit schützt. Klartext

Diese Regeln ersetzen keine Prüfung. Sie ersetzen keine Verantwortung. Aber sie verhindern die Fehler, an denen die meisten scheitern. Nicht an der Immobilie. Nicht am Preis. Nicht am Verkäufer. Sondern an sich selbst – weil sie sehen wollen, was ihnen gefällt, statt zu prüfen, was sie tragen können.

Übergang zum Anhang

Bis hierher ging es nicht um Unterlagen.

Es ging um Haltung, um Denkrahmen und um die Art, wie Entscheidungen entstehen.
Um Annahmen, die getragen haben oder stillschweigend übernommen wurden.
Um Systeme, die lange funktioniert haben und sich verändern können.
Und um Verantwortung, die sich nicht delegieren lässt.
Wer dieses Buch gelesen hat, weiß,
dass eine Immobilie nicht an fehlenden Dokumenten scheitert
und auch nicht durch vollständige Akten automatisch tragfähig wird.

Unterlagen sind kein Ersatz für Denken.
Sie sind auch keine Garantie für Sicherheit.

Sie sind Werkzeuge.

Sie verdichten Informationen, machen Grenzen sichtbar
und zwingen dazu, Annahmen zu benennen,
die sonst im Hintergrund wirken würden.

Der folgende Anhang ist deshalb keine neue Ebene
und kein eigenständiger Ratgeber.
Er ist eine Zusammenfassung.

Er bündelt Unterlagen,
die bei Kaufentscheidungen immer wieder eine Rolle spielen,
weil sie Grundlagen berühren,
auf denen Bewertungen, Einschätzungen und Entscheidungen aufbauen.

Alles, was zuvor im Buch beschrieben wurde,
gilt weiterhin.
Nichts davon entfällt durch die Listen.

Der Anhang dient nicht dazu, Sicherheit herzustellen.
Er dient dazu, Ordnung zu halten.

Wer ihn nutzt, ohne den Kontext dieses Buches mitzudenken,
wird wenig gewinnen.
Wer ihn im Zusammenhang liest,
weiß, warum diese Unterlagen relevant sind –
und warum sie allein nicht ausreichen.

Mit diesem Verständnis beginnt der Anhang.

Anhang – Unterlagen als Orientierung

Die folgenden Übersichten fassen die Unterlagen zusammen,
die bei jeder Kaufentscheidung eine zentrale Rolle spielen.

Sie ersetzen keine der Prüfungen, Überlegungen und Zusammenhänge,
die im Buch zuvor beschrieben wurden.
Alles, was dort angesprochen wurde, bleibt relevant.

Die Listen dienen ausschließlich der Orientierung.
Sie bündeln Unterlagen, die in der Praxis immer wieder die Grundlage bilden,
auf den Entscheidungen vorbereitet, eingeordnet und überprüft werden.

Vollständigkeit bedeutet keine Sicherheit.
Fehlende Unterlagen bedeuten kein automatisches Scheitern.

Entscheidend ist,
ob Zusammenhänge verstanden wurden –
und ob Prüfungen bewusst erfolgt sind.

Einfamilienhaus / Reihenhaus
Aktueller Grundbuchauszug
Flurkarte / Lageplan
Baupläne / Grundrisse / Schnitte
Wohn- und Nutzflächenberechnung
Baulastenauskunft
Erschließungsnachweis für Erschließungs- und Straßenbaubeiträge
Bauakte
Baugenehmigungen inkl. Nachweise zu evtl. An- und Umbauten
Modernisierungs- / oder Renovierungskostenaufstellung der letzten 10 Jahre
Energieausweis (gültig)
Gebäudeversicherung

Eigentumswohnung
Aktueller Grundbuchauszug
Flurkarte / Lageplan
Baupläne / Grundrisse / Schnitte
Wohn- und Nutzflächenberechnung
Baulastenauskunft

Erschließungsnachweis für Erschließungs- und Straßenbaubeiträge
Bauakte
Baugenehmigungen inkl. Nachweise zu evtl. An- und Umbauten
Modernisierungs- / oder Renovierungskostenaufstellung der letzten 10 Jahre
Energieausweis (gültig)
Teilungserklärung
Aufteilungsplan
Gemeinschaftsordnung / Hausordnung
Protokolle der Eigentümerversammlungen (letzten 3 Jahre)
Wirtschaftspläne
Hausgeldabrechnungen
Rücklagenübersicht
Gebäudeversicherung

Mehrfamilienhaus
Aktueller Grundbuchauszug
Flurkarte / Lageplan
Baupläne / Grundrisse / Schnitte
Wohn- und Nutzflächenberechnung
Baulastenauskunft
Erschließungsnachweis für Erschließungs- und Straßenbaubeiträge
Bauakte
Baugenehmigungen inkl. Nachweise zu evtl. An- und Umbauten
Modernisierungs- / oder Renovierungskostenaufstellung der letzten 10 Jahre
Energieausweis (gültig)
Mietverträge (vollständig)
Mietaufstellung
Letzte Mieterhöhungsschreiben
Mietrückstände (wenn ja, gibt es dazu eine Erklärung)
Betriebskostenabrechnungen
Gebäudeversicherung

Abschluss

Diese Übersichten sind eine Zusammenfassung.

Wer das Buch gelesen hat, weiß, dass Prüfen nicht mit Unterlagen beginnt und nicht mit ihnen endet.

Das letzte Wort - Warum dieses Buch hier endet

Dieses Buch ist nicht entstanden, weil Immobilien besonders kompliziert wären. Es ist entstanden, weil sie seit Jahren so verkauft werden, als wären sie einfach. Als gäbe es Abkürzungen. Als könne man Verantwortung auslagern. Als reiche ein gutes Gefühl, ein Berater, ein Finanzierungsvorschlag oder ein Versprechen, um eine Entscheidung zu tragen, die Jahrzehnte wirkt.

Mich haben nie Fehler gestört. Fehler gehören dazu. Ich habe sie selbst gemacht.
Was mich gestört hat, war etwas anderes: die Selbstverständlichkeit, mit der Menschen in Entscheidungen geschoben werden, ohne dass man ihnen sagt, was sie dabei wirklich übernehmen. Nicht nur finanziell. Sondern strukturell, rechtlich, zeitlich und persönlich.

Dieses Buch ist aus Widerspruch entstanden.
Nicht gegen Immobilien. Nicht gegen Eigentum.
Sondern gegen das Weglassen. Gegen das Verschweigen von Zusammenhängen. Gegen die Erzählung, dass am Ende schon jemand aufpasst. Dass Risiken überschaubar bleiben. Dass Probleme Ausnahmen seien. Dass man sich später schon kümmern könne.

Tut man nicht.
Oder man zahlt dafür.

Kein Buch kann alle Situationen abbilden. Und kein ehrliches Buch sollte so tun, als könnte es das. Entscheidungen dieser Größenordnung lassen sich nicht standardisieren, ohne falsche Sicherheit zu erzeugen. Genau deshalb arbeitet dieses Buch nicht mit Empfehlungen. Nicht mit konkreten Kaufanleitungen. Nicht mit „So machst du es richtig".

Es arbeitet mit Mustern.
Mit Mechaniken.
Mit Fragen, die man sich stellen muss, bevor jemand anderes sie für einen beantwortet.

Dieses Buch sagt dir nicht, was du kaufen sollst.
Es sagt dir auch nicht, dass du kaufen musst.
Es zeigt dir, worauf du dich einlässt, wenn du es tust – und warum viele erst merken, was sie gekauft haben, wenn Zurück keine Option mehr ist.

Vielleicht legst du dieses Buch beiseite und hast mehr Fragen als vorher. Dann ist nichts schiefgelaufen. Dann hast du verstanden, dass Klarheit nicht beruhigt, sondern fordert. Dass Eigentum kein Ziel ist, sondern ein Zustand, den man tragen können muss. Dass fast jedes Objekt Kompromisse verlangt – und dass die eigentliche Entscheidung nicht lautet, OB du kaufst, sondern WAS du bereit bist zu tragen, wenn es unbequem wird.

Dieses Buch will dich nicht motivieren.
Es will dich nicht absichern.
Es will dich nicht überzeugen.

Es will, dass du verstehst, dass Verantwortung nicht delegierbar ist. Dass Freiheit nicht aus Besitz entsteht, sondern aus Überblick. Und dass es ehrlicher ist, eine Immobilie nicht zu kaufen, als sie aus Hoffnung heraus zu rechtfertigen.

Was du daraus machst, liegt nicht bei mir.
Nicht beim Verkäufer.
Nicht bei der Bank.
Nicht beim Markt.
Und auch nicht bei diesem Buch.
Und genau deshalb
endet es hier.

Wie es weitergeht

Dieses Buch endet hier.
Die Verantwortung nicht.

MINENFELD ist kein abgeschlossenes Projekt.
Es ist ein Denkrahmen.

Wenn du Immobilien nicht nur verstehen,
sondern strukturiert prüfen willst –
mit klarer Reihenfolge, echten Dokumenten
und konkreten Entscheidungsmaßstäben –
geht es hier weiter:

Instagram: @MINENFELD_OFFICIAL
YouTube: www.youtube.com/@MINENFELD

Dort zeige ich regelmäßig,
wie Immobilien in der Praxis geprüft werden –
nicht theoretisch,
sondern anhand realer Mechaniken.

Nicht als Versprechen.
Sondern als konsequente Fortsetzung dessen,
was dieses Buch begonnen hat.

Made in the USA
Monee, IL
05 November 2026

67809046R00134